PAS DE SENS, INTERDIT !

Élisabeth Brunois Songeur

« Lettre aux managers de proximité
pour plus de bien-être
et de performance »

SOMMAIRE

Préface

Imaginer un titre pour illustrer les réflexions issues de mon cheminement professionnel a été un vrai puzzle. Une multitude de possibilités s'est bousculée dans mon esprit. Toutes détenaient une parcelle de l'objectif poursuivi depuis ma première embauche : comment faciliter l'accès à plus de bien-être et donc d'efficacité, de plaisir au travail ?

Ma première idée, sobre et factuelle, « *De la communication à la médiation singulière* » ne déclenchait pas vraiment un appétit de lecture. J'ai tenté plus burlesque et ésotérique : « *Les tribulations d'un médiateur singulier* ». L'incompréhension a fait place à l'ennui !

Je suis passée par les affres de nombre de managers de proximité qui, faute d'arriver à canaliser toutes les pensées qui les envahissent, se sentent tiraillés entre toutes et se retrouvent au point mort.

Le kaléidoscope des possibles, issu de plusieurs brainstormings, illustre bien le cheminement de ma réflexion tout au cours de mon parcours professionnel.

Certains titres parlent d'eux-mêmes. Ils reprennent des morceaux de vie vécus, des interrogations quotidiennes, voire des vœux pieux : « *Prendre des initiatives, pas des risques* », « *Des lundis qui sourient* », « *Faites-vous plaisir au travail », « Travail + sérénité = performances », « Le travail réconfort », « Retrouvons le goût du travail », « Du collectif, des échanges pour le bien-être de tous ».*

Une grande partie de ma clientèle, du particulier au chef d'entreprise, me consulte comme on ouvre un parachute. Un désir de changement certes, mais en évitant tout aléa. Or le risque zéro n'existe pas…

« Ca va comme un lundi », voilà une expression qui indispose plus d'un. Comment redonner de l'appétence au travail ? À chaque individu, la réponse est à reconsidérer. Nous connaissons tous des cadres pour qui la vie se passe au bureau. Chaque jour parait leur apporter un plein de sérotonine ! Comment font-ils ? Malgré les intempéries, ils repartent chaque matin avec dynamisme et semblent s'amuser. Certains poussent même l'outrecuidance à omettre de demander une augmentation, tant ils se sentent bien là où ils sont, jour après jour.

Travailler en transversal, formule magique… pour les autres. La société actuelle, les nouveaux moyens de communication, loin de faciliter les échanges, rendent parfois individualiste. Comment trouver l'équilibre nécessaire à la vie de l'entreprise entre confort personnel et partage de l'information ?

Vous survivez laborieusement en rêvant de vos prochaines vacances alors que votre collègue envisage ce temps de liberté avec ennui. Pourquoi ? Beaucoup de candidats à la retraite perçoivent ce moment, souvent très attendu, comme une perte de repères et même d'identité. Pour eux, comme pour la plupart des demandeurs d'emploi, le travail est un Graal auquel, quel que soit leur âge, ils aspirent à revenir.

Pourquoi : *« Ancrer le travail dans le présent »* ? Un philosophe dirait que seul le présent existe, le passé tout comme le futur étant œuvre d'imagination. Pourtant nous sommes nombreux à nous projeter dans un avenir qui serait plus riant, en nous référant à un passé enjolivé et en oubliant de vivre le présent tout en prêtant aux autres la chance et les opportunités qui nous font défaut.

« Loup y es-tu ? Que fais-tu ? » L'organisation hiérarchisée et bien ordonnée de la meute ne nous tente plus. *« Tous pour un, un pour tous »,* le cri de ralliement des mousquetaires n'éveille plus vraiment les vocations. Du loup, nous ne retenons plus que les dents longues et la détermination. Il faudrait peut-être remettre *« L'horloge à zéro »,* chercher des solutions pour passer *« Du brouillard à l'éclaircie »* et bannir le *« Clair-obscur dans l'entreprise »* pour y apporter plus de sens.

Il est temps de définir des *« Pistes de rebond»*, d'*« Agir pour rebondir »*, de trouver des *« Antidotes à la perte de sens »* et pour ce faire, *« Partageons ces expériences »*.

Et si les solutions étaient en nous, devant nous ? *« Touchez avec les yeux !»*, *« Libérez votre créativité managériale »*, déterminez *« Les actions qui reboostent »*, pour *« Retrouver la banane »*, *« Ca va pulser ! »*.

Finalement, je me suis arrêtée sur *« Pas de sens, interdit ! »* Le fil rouge entre culture d'entreprise, communication, formation, conduite du changement, coaching sous toutes ses formes et médiation singulière est d'ouvrir la voie à plus de sens, plus de cohérence, une meilleure compréhension des objectifs et besoins de tous ceux qui constituent une société.

Cherchez ce qui « fait sens » pour vous dans cet ouvrage et chacun dans votre domaine, déclarez l'absence de sens, dans tous les sens, INTERDITE !

À VOUS !

- Quel(s) titre(s) vous inspire (nt) le plus ? Demandez-vous, pourquoi ?

ACCOMPAGNER POUR PLUS DE PLAISIR
AU TRAVAIL

Genèse d'une démarche de recherche de solutions continue à la suite de la découverte du poids des freins personnels et relationnels sur le bon fonctionnement de « l'Entreprise »

Je suis entrée dans ma première entreprise, fraîchement diplômée en traduction et techniques commerciales pour participer à l'essor du service Export. J'ai franchi le porche poussiéreux et désuet persuadée d'être attendue par une montagne de tâches plus intimidantes, mais plus motivantes les unes que les autres. Ma seule inquiétude, serai-je à la hauteur ? Bardée de l'enthousiasme de mes 21 ans, je ne me serais pas attardée plus d'une minute sur la question si le directeur du personnel ne m'avait avoué avoir hésité sur ma candidature. Son motif : au moment de signer mon contrat, j'avais confié candidement préférer son entreprise en plein redressement économique à une autre, de renom et proposant un meilleur salaire. Son œil sévère, me soupesait, fallait-il faire confiance à une pareille écervelée ? Devant mon regard sidéré du peu de cas fait de mon intérêt pour le challenge, il conclut l'embauche.

Mon premier employeur venait d'être racheté par un grand groupe dont le siège était sur les Champs Élysées. Il occupait dans Paris un petit immeuble haussmannien et possédait des usines en Province. Les locaux n'avaient pas vu de pinceau depuis des décennies et ne respiraient pas la modernité.

Le personnel était à l'image des lieux, grisâtre, du plus jeune au plus ancien. Confiante en l'avenir de cette structure raffermie par le soutien d'un consortium, je ne me laissais pas arrêter par ces considérations environnementales. Les débuts furent lents, il fallait que je m'imprègne, me dit-on.

Les quelques cadres du groupe, le PDG y compris, sont passés me voir pour me demander comment je percevais la société avec « mon œil neuf ». J'essayais de répondre de mon mieux, mais je les sentais déçus de si peu de créativité. En fait, mon fameux œil était à l'écoute de l'entreprise et ce qu'il a entendu alors n'était, d'après mon responsable, pas communicable :

- L'entreprise était presque à l'arrêt faute de savoir qu'elle avait été rachetée et se pensait en faillite

- Ceux qui savaient (la Direction) ne communiquaient pas par crainte de créer des mouvements sociaux

- Le personnel passait son temps à calculer ses indemnités de chômage

- Les usines continuaient à fabriquer des produits toujours moins demandés et attendaient leur salut des commerciaux

- La recherche et le développement étaient au point mort.

- Des produits non finis étaient présentés au client final, ce qui entraînait échec et perte de clientèle.

- Les cadres désœuvrés ne s'affairaient qu'à préserver leur statut

- La vision stratégique, si elle existait, n'était pas connue

- Le personnel vivait en état de stress et les arrêts maladie étaient fréquents

- Je n'avais, comme la plupart, rien à faire. Mon responsable essayait de m'occuper et je ne comprenais pas l'utilité de mes tâches.

- Quel que soit l'échelon hiérarchique, le niveau d'autonomie était réduit.

Les hasards de mon embauche tardive et des visites dans les usines m'ont fait ressentir la nécessité impérative de susciter une prise de conscience, d'éveiller le personnel, de le remotiver, de lui donner des objectifs, confiance en lui et en son travail.

Après deux mois d'inaction, ayant compris que les décideurs ne voulaient pas entendre ce message qui n'était pas de mon ressort, je démissionnai et organisai ma feuille de route vers les métiers de communication en entreprise.

Cette société a été ma chance et a fondé ma passion des usines et des populations qui y sont employées. Moi qui viens d'un milieu de professions libérales, j'ai découvert en quelques jours le monde des sièges et de l'industrie, des organisations matricielles à plusieurs niveaux et la complexité des relations transversales.

Pour avancer dans mes études en communication, j'ai alors été amenée à travailler dans de nombreuses structures industrielles, commerciales ou administratives.

Je me suis arrêtée sur ce premier exemple, car il a été fondateur d'une recherche en communication que je continue à mener et il synthétise des constats que j'ai pu faire, maintes fois en entreprise.

Une première réponse

Dans les années 1980, soulever le drap pudique qui recouvre le sentiment de marasme, de menace vécu dans certaines sociétés n'est pas chose facile. Une question se pose pour les individus qui aspirent à œuvrer pour l'amélioration conjointe de la vie des salariés et des résultats de l'entreprise : quels sont les outils à disposition ? Les parois entre les différentes directions et strates composant les groupes sont en général assez étanches.

Attaquer les sujets frontalement relève quasiment du crime et signifie rapidement l'exclusion. Le système s'auto-protège. Les notions de changement et d'adaptabilité arrivent à peine à germer dans les cerveaux les plus téméraires. Les services de gestion du personnel

s'arcboutent de façon militaire contre toute tentative de sortir du rang. L'humain est chosifié, réduit à l'état d'objet, les ressources humaines sont en gestation… Certaines méthodes commencent cependant à franchir le mur de l'Atlantique. La PNL (Programmation Neurolinguistique), l'analyse transactionnelle sont d'abord utilisées comme systèmes anti-erreurs pour mieux codifier ce qui a toujours été. Plus tard, ces dispositifs servent à doses homéopathiques, en formation pour bercer les angoisses les collaborateurs en quête de sens dans un monde en crise et en perpétuelles mutations.

Le coaching n'a pas encore fait son apparition en France et les techniques d'animation s'inspirant de la psychologie sont regardées avec suspicion ou réservées à une minorité triée sur le volet.

Dans cet univers en mouvement qui a du mal à suivre, seuls les communicants semblent émerger et avancer. Les services communication profitent du levier de la communication externe, RP (relations publiques) et publicité pour annoncer l'ère nouvelle.

C'est décidé, le salut de l'entreprise doit passer par la communication, il faut le faire savoir. Les formations à la communication n'ont pas encore fleuri dans tout l'hexagone et au sein de tous les cursus. Pour embrasser la communication au sens large et non pas un secteur comme les relations presse ou la publicité, une seule formation reconnue, le CELSA, Centre d'Etudes Littéraires et Scientifiques Appliquées.

Après une année en DESS au CELSA, je rejoins un grand groupe du domaine informatique trop florissant pour moi, et je lui préfère, après 9 mois de gestation, une vieille dame de l'automobile dont les crises nourrissent les longues soirées d'hiver des Français.

LA CULTURE D'ENTREPRISE

Le mal-être professionnel est un vaste sujet aux innombrables causes possibles. Il s'avère, de plus, très fluctuant d'une personne à l'autre.

Par contre, si j'interroge des salariés sur les raisons de leur bien-être au travail (ça existe !), de leur attachement à l'entreprise, les réponses se rejoignent souvent dans ce que j'appellerai « la culture d'entreprise ». Ce climat particulier qui flotte sur le lieu de travail, peu sont capables de le définir, pourtant, il est un ciment pour tous. Ils se sentent bien, car ils partagent les mêmes valeurs avec leurs collègues, les procédures leur semblent pertinentes, le mode d'échange facile ou très normé selon le secteur d'activité... Certaines sociétés ont une grande propension à l'agilité, à la créativité, d'autres paraissent constituer un rempart contre l'insécurité. Une noria de détails nourrit notre sentiment d'appartenance et nous permet d'accéder à une meilleure compréhension de notre emploi. En l'absence de la perception d'une vision consensuelle porteuse de sens, chacun à sa façon se met en retrait, souffre d'un phénomène de rejet réciproque, s'angoisse. La greffe n'a pas pris faute d'une culture d'entreprise commune et valorisante pour la plupart. Le premier ressort qu'il m'a semblé nécessaire de travailler pour favoriser le bien-être de tous et la performance de l'entreprise est son ADN.

LA CULTURE D'ENTREPRISE ?
• Quand on a un message fédérateur et partagé par la plupart
• En partant du vécu terrain et en utilisant des vecteurs de communication en accord avec le message
• Pour donner du sens et de l'intérêt au travail du personnel et bâtir une histoire porteuse en externe

LA CULTURE D'ENTREPRISE

Qu'est-ce que la culture d'entreprise ? Maurice Thevenet, professeur au CNAM et à l'ESSEC, nous donne dans son ouvrage consacré à la culture d'entreprise, aux éditions PUF sa définition :

« La culture caractérise l'entreprise et la distingue des autres dans ses façons de réagir aux situations courantes de la vie de l'entreprise comme l'approche d'un marché, la définition d'un standard d'efficacité ou la résolution des problèmes de personnel »

La culture d'entreprise est difficile à cerner. On la ressent aussi bien à l'intérieur qu'à l'extérieur d'une organisation sans trop savoir en définir les composantes. C'est un mélange de valeurs, croyances, façon de procéder, d'interdits, propre à chaque employeur.

J'ajouterai à cette approche trois points qui me semblent indissociables d'une culture d'entreprise bénéfique : vision, créativité, adaptabilité.

Beaucoup de chefs d'entreprise, à l'instar d'Antoine Riboud, s'emploient à cultiver leur identité, leur vision, pour ancrer l'entreprise dans son environnement en mettant en avant les dimensions éthiques et économiques.

Pourtant, en se penchant sur le concept « culture d'entreprise », on s'aperçoit que la culture d'entreprise, multiforme, n'est pas forcément toujours un élément porteur pour l'entreprise.

La culture d'entreprise ne s'achète pas, ne se décrète pas, mais elle est présente y compris dans des entreprises où elle semble cruellement faire défaut.

Chaque entreprise a sa culture, pas toujours identifiée clairement. Elle est unique, mais plurielle. Elle peut être à la fois un acteur positif et négatif pour l'essor des sociétés.

Elle se niche dans les plus petits détails, tenue vestimentaire, habitudes de pause, organisation des repas, utilisation de la cafétéria, politique de transport, ordre du jour des réunions, prise de parole, locaux, langue employée dans les échanges, respect des horaires, etc.

Souvent, elle est personnalisée par un homme, mort ou vif, qui porte ses valeurs : créativité, goût du challenge, ouverture sur l'international ... Ce dernier devient un véritable outil de communication dans les mains des DIRCOM qui créent mythes et sagas.

Elle est en perpétuelle évolution de par l'agrégation de nouveaux éléments humains, économiques, sociétaux et résiste au changement. Elle est à la fois difficile à saisir et relativement pérenne. Cela la rend périlleuse à gérer dans un objectif de conduite du changement.

Complexe à appréhender, elle est pourtant considérée par les communicants vers l'interne comme vers l'externe comme l'un des deux moyens premiers de la stratégie de communication avec les produits. L'attractivité de la société repose sur sa culture pour l'embauche de nouveaux collaborateurs et aussi, de plus en plus pour les clients externes, soucieux de la responsabilité sociétale de l'entreprise.

Elle est le socle difficilement palpable de l'image de l'entreprise à 'extérieur et l'image de l'entreprise en est une composante.

Elle se vend et fait vendre...

Qu'est-ce ? **La culture d'entreprise !**

Autant dire que quand vous arrivez au chevet d'une entreprise malade sur laquelle les bookmakers ne parient même plus et dont le personnel n'a pas digéré les fusions successives, pourtant anciennes, la tâche semble ardue.

Mon rôle, chargée de Relations publiques. La page est quasi blanche, il faut travailler à restaurer de façon transversale l'image de la marque.

Je suis bien consciente, alors, de ne pouvoir attaquer qu'une infime partie des points bloquants répertoriés dans le premier emploi où j'ai fait un passage fulgurant. Je les retrouve en grande partie dans cette nouvelle entreprise avec une composante que je n'avais pas identifiée la première fois et qui a fait que j'y suis restée 20 ans : sa culture. La culture d'entreprise me permettait d'aller au-delà des missions définies dans mon poste. Je pouvais le faire évoluer, je devais même me montrer créative !

Toutes les entreprises professent qu'elles souhaitent un personnel autonome, capable de prendre des initiatives et d'être créatif. Cependant, ces mêmes entreprises vont asphyxier leurs collaborateurs en leur demandant comptes et tableaux et en ne leur offrant jamais la possibilité de confronter leurs idées à d'autres, à l'extérieur. Confinés dans l'entreprise dont ils n'osent sortir, ils s'étiolent, faute d'oxygène à la grande surprise de leur management.

J'avais donc identifié les deux principales caractéristiques de la culture de mon employeur : ouverture et créativité. En charge de communiquer vers le grand public, je commençai par cibler la ressource indispensable à l'entreprise : les futurs collaborateurs.

L'entreprise avait besoin de recruter et son attractivité, en dehors de quelques irréductibles amoureux de la technique, était plus que faible. Point besoin de machine pour trier les candidatures spontanées qui ne nécessitaient que quelques minutes de lecture par semaine. Pourtant l'entreprise bouillonnait de tempéraments d'exception et d'initiatives passionnantes (réduction de la structure hiérarchique en fabrication, restructuration de l'organisation de l'outil de production en prenant en compte l'utilisateur …).

Nous convainquons le PDG du Groupe de donner son aval à la préparation d'un livre écrit dans un style journalistique décapant et mettant en scène 5 collaborateurs représentant des activités phares pour l'entreprise : commerce, fabrication, développement international, publicité, études.

Cinq personnalités hors du commun composent cette mosaïque, un ancien footballeur professionnel, une chercheuse militante, un publicitaire anglais, un ingénieur humaniste et visionnaire et un passionné de culture chinoise. Ils racontent dans ce document édité aux Editions Organisations, comment, loin de s'effacer dans leur activité professionnelle, ils peuvent utiliser leurs différences pour développer des projets novateurs pour l'entreprise. Accompagné d'un reportage filmé orchestré par une vedette de la télévision, ce package a permis au service recrutement de susciter l'intérêt des élèves des grandes écoles et autres formations universitaires recherchées.

Évidemment, le style un peu décoiffant adopté pour séduire ce public a fait grincer quelques dents chez les garants de la loi à la direction du personnel. Il a fallu faire allégeance, gommer quelques aspérités et expliquer que l'objectif était de faire prendre conscience de l'esprit d'innovation qui animait l'entreprise.

D'autres actions ont naturellement suivi. Participation aux premiers salons de l'Étudiant et aux salons organisés par les Écoles, conférences dans les écoles et universités, rencontres de réflexion prospective entre la direction du groupe et les Présidents de la conférence des écoles et universités, journal tripartite entre l'entreprise, le monde de l'éducation et la recherche, accueil et aide des jeunes à la recherche d'informations pour un mémoire, parcours "nouvel embauché", salons sur le style et la créativité au Grand Palais à Paris, etc.

En cherchant à améliorer l'attractivité de l'entreprise auprès de la cible multiple des jeunes de tous niveaux et des seniors susceptibles d'être recrutés, nous avons travaillé sur la promesse sous-jacente : la société sait apprécier ceux qui ont de la personnalité. Vous pourrez y faire preuve de créativité et innover.

À l'embauche, ce positionnement répond effectivement bien aux attentes des nouveaux entrants. Par ailleurs, il correspond parfaitement à l'image et la saga du fondateur, précurseur en matière de technique, de marketing, de publicité et de gestion du personnel.

Cependant, suite à des difficultés financières et à deux rachats, un vent de raison et de restriction a soufflé sur la marque. La tendance de l'entreprise en interne est de vouloir secouer ce joug et de renouer avec l'innovation, quel qu'en soit le terrain.

Les directions à fort potentiel créatif tirent donc dans un sens alors que les directions chargées de la gestion du personnel et des finances essayent de maintenir un certain équilibre.

Les moyens correspondant à la promesse initiale ne peuvent pas toujours être suivis de fait. L'entreprise annonce des valeurs qui se transforment en attentes des deux côtés et ne s'aperçoit pas que sa promesse : on va vous faire confiance, vous donner vos chances, vous permettre d'être créatif est source de déception.

Elle multiplie les chartes reprenant ses valeurs pour tenter de motiver le personnel :

- Innovation

- Qualité produit

- Service client

- Performance

Ses valeurs se sont transformées. Elles ne sont plus une promesse positive d'un travail où le candidat va se réaliser, mais la litanie des attentes, des exigences de l'entreprise. Le turnover commence à s'accroître.

LA CULTURE D'ENTREPRISE

Intérêt	Écueils à négocier
• Aide au recrutement, attractivité • Positionnement, promesses claires • Facilite la cooptation • Donne un sentiment d'appartenance et de sécurité • Vision, direction • Exemplarité • Confiance • Accélérateur d'évolutions (culture de l'innovation) • Moins besoin de management, car vision claire • Facilite le travail d'équipe • Amélioration de l'image de l'entreprise grâce à un discours commun	• Vigilance sur les promesses non tenues sur la durée • Attention aux conflits inter-directions et à la communication transversale • La culture d'entreprise peut-être tissée de petites choses qui peuvent handicaper (vêtements, vocabulaire propre à l'entreprise, etc.) • Peut avoir un effet négatif comme certaines habitudes • Peut donner un sentiment d'arrogance (gestion peu respectueuse du client) • Faire croire à son invulnérabilité (ça ne peut pas nous arriver) • Superposition de plusieurs cultures en cas de fusions acquisitions successives • Frein au changement (je veux maintenir mes prérogatives) • Résistance au changement (ça toujours été comme ça)

À VOUS !

- Êtes-vous d'accord avec l'affirmation :

« La culture d'entreprise est l'affaire de tous et tous sont concernés »

- Deux mots pour caractériser votre entreprise :

1)

2)

- Avez-vous identifié dans ce chapitre des actions déjà réalisées par vous ? Lesquelles ?

- Avez-vous repéré des dissonances dans votre service ? Lesquelles ?

- À votre niveau, quelle(s) action(s) pouvez-vous mettre en place ?

LA COMMUNICATION INTERNE

Il est bel et bon d'identifier la culture d'entreprise et de travailler à son évolution constante pour améliorer le confort et la performance dans tout l'organisme, encore faut-il le faire savoir.

Cette remarque nous semble directement jaillir des lèvres de Monsieur de Lapalisse, mais elle n'est pas aussi simpliste qu'il y parait. En ces temps du « tout communication », l'entreprise bruisse en permanence des rumeurs les plus inquiétantes. Le personnel aux aguets fait le dos rond, prépare sa fuite ou son système d'attaque en fonction de la personnalité de chacun.

Ces différentes stratégies sont consommatrices de temps et d'énergie, s'auto-alimentent au détriment d'actions organisées en fonction du ou des projets d'entreprise. Communiquer en interne, c'est refouler les fausses nouvelles, rassurer les collaborateurs et permettre à chacun de travailler avec plus de sérénité à la pérennité de l'entreprise.

LA COMMUNICATION INTERNE ?
• Quand on a quelque chose à dire !
• Par des moyens légers et rapides susceptibles de délivrer l'information avant qu'elle ne soit dans le grand public
• Pour motiver en donnant du sens, un sentiment d'appartenance et une envie de participer

LA COMMUNICATION INTERNE

La communication interne a normalement un triple objectif : information du personnel (explication, mobilisation, partage de l'information, aide à la compréhension des objectifs), amélioration des performances, enrichissement de l'image par des apports de sens.

Pour le jeune diplômé en communication et ressources humaines la communication interne parait être un incontournable d'autant que les médias se font constamment le relais de son absolue nécessité.

On ne compte pas les émissions et colloques où d'éminents professeurs et chefs d'entreprises expliquent son caractère de première utilité.

Dès qu'une crise pointe le bout de son nez ou au contraire qu'un rebondissement économique laisse présager des évolutions d'activités, les comités de direction ont le souci de se doter de nouveaux outils de communication, allant de la lettre d'information aux moyens de communiquer en temps réel. Quelle satisfaction pour la direction que le premier éditorial où photo et signature s'affichent avec conviction.

Le but, pour le chargé de communication, est souvent de vendre aux salariés et membres des réseaux de distribution, les objectifs et stratégies de la direction en s'inspirant des techniques de la réclame publicitaire, voire du marketing. La difficulté va être de faire vivre l'outil qui va vite devenir un fardeau où la véritable information porteuse de sens pour le lectorat est plus que rare !

Quand la communication interne a commencé à poindre le nez dans les entreprises de façon structurée, celle-ci était soit le fait d'un PDG éclairé et visionnaire soit du ressort d'experts aux talents littéraires et capacités de diplomates des ressources humaines avérés.

Dans les années 1980, on a vu apparaître en sus des brillants diplômés de Sciences Po attirés par le monde de l'entreprise, de nouvelles formations dédiées à la communication interne et externe du type CELSA.

Communiquer en interne semblait inextricable à la plupart des managers de l'époque sans le truchement de spécialistes. Les entreprises étaient très souvent entre les mains d'experts, d'ingénieurs, de spécialistes pour qui la chose humaine restait opaque et le personnel un moyen, un objet à gérer au même titre que les matières premières, les fluides ou les outillages.

Les formations de cette génération n'incluaient que rarement un contenu communication et réflexion psychologique et pour beaucoup de cadres communiquer était un caprice de direction à l'ego surdimensionné !

En parallèle, les salariés, pour la plupart, n'avaient pas d'attentes démesurées en matière d'information. Habitués depuis longtemps à exécuter sans trop se poser de questions, leurs besoins de connaissances naissaient avec leurs angoisses ou incertitudes concernant leur emploi. Pour beaucoup, la lecture d'articles, de journaux d'entreprises demandait un effort. Un double effort, car dans bien des cas, l'entreprise d'avant-garde qui créait des supports de communication à l'intention de son personnel lui refusait la pause nécessaire pour lire les news sur le temps de travail. Certaines, futées et soucieuses d'allier en même temps le collaborateur et sa famille au bien de l'entreprise, faisaient livrer le journal ou magazine à domicile. Ce sont des cas isolés, d'entreprises florissantes aux services marketing de pointe. Les autres reculaient devant une dépense ugée dispendieuse et hors de propos. Les journaux étaient donc peu lus, leurs destinataires se sentant dans l'ensemble peu concernés par des nouvelles qui leur semblaient être des histoires de direction ! Bizarrement, ils étaient souvent précieusement conservés, surtout si la cible était restreinte à telle ou telle catégorie de personnel.

Peu à peu, l'information sous forme de supports papier a été soutenue par des sites sur internet généralement gérés par les Directions des Ressources humaines. Elles y voyaient un moyen de communiquer en parallèle, sur les formations proposées par l'entreprise, parfois sur les postes vacants, les congés, l'évolution de la qualité, les changements en cours et sur les nouveautés produits, etc. Le désir d'afficher plus d'ouverture, tout en gagnant en efficacité au niveau gestion du personnel et en maîtrise des coûts globaux, était le moteur.

Les débuts ont été chaotiques : sites peu alimentés, information insuffisamment mise à jour, accès à l'informatique aléatoires, consultation uniquement possible intra-muros, accueil de la hiérarchie assez froid. La consultation des sites était souvent perçue comme une perte de temps !

Avec l'extension de l'informatique à la plupart, l'outil s'est affiné tout en laissant sa place à une certaine presse interne. Effectivement, si la presse interne papier de la plupart de sociétés a subi une cure d'amaigrissement, elle a également connu un lifting et a évolué vers plus de qualité Considérant leurs collaborateurs comme autant de clients potentiels et en tout cas comme des prescripteurs importants, les sociétés ont relooké leurs supports, les rendants plus attrayants. Ils refondent parfois certains vecteurs de communication grand public et interne.

L'info réseau de son côté a pris de l'ampleur, est devenue plus réactive et interactive et a appris à se mettre à jour en quasi temps réel. Cependant, en dehors de quelques messages qui s'affichent automatiquement ou tombent dans les boîtes mail, il faut être proactif et prendre le temps de consulter.

L'information descendante, systématique comme les 4 pages et recto verso, continue à exister. Elle est bien souvent le pendant de communiqués de presse et veut montrer aux salariés l'importance qu'ils ont pour l'entreprise. Malheureusement, bien souvent, internet et la grande presse les ont déjà informés quand la distribution se fait. Ces problèmes de logistique sont très mal vécus par les plus jeunes collaborateurs dont les attentes ont évolué et qui ne supportent plus d'être de simples exécutants. Ils désirent avant tout comprendre le sens de leur action, avoir des retours réguliers sur leurs réalisations et avoir le sentiment d'être écoutés. Tous demandent à être motivés !

COMMUNICATION INTERNE

Avantages	Inconvénients
• Informations mises à disposition, sentiment de transparence • Banque de données, mémoire de l'entreprise • Participe à la construction d'un sentiment d'appartenance • Création ou maintien de lien, notamment pour les personnes externalisées • Peut permettre une certaine convivialité inter services, départements, sociétés d'un même groupe • Permet de se situer dans un ensemble • Donne des informations aux salariés pour mieux communiquer vers l'extérieur	• Attention aux manipulations et propagandes de tous ordres • Pas de temps imparti pour s'informer sur certains lieux de travail • Remplissage de support plus qu'information • Communication aseptisée, politiquement correcte • Information uniquement descendante ne correspondant pas toujours aux attentes

À VOUS !

- Repérez les points sur lesquels il vous semble manquer d'information dans votre entreprise :

- Interrogez-vous sur ce que pensent vos collaborateurs sur ce sujet :

- Identifiez dans le témoignage ci-dessus ou dans les réflexions qu'il a fait émerger,

  1 idée qui vous aiderait dans votre management au quotidien :

- Prévoyez sa mise en place (quand, comment, délais, etc.):

LA PUBLICITÉ ET LES RELATIONS PUBLIQUES

La communication pourrait être comparée au système auditif humain. Comme l'homme, l'entreprise dispose d'un système de traitement des informations, une sorte de tympan, en sus de son « oreille interne ». L'un ne va pas sans l'autre ! Ce tympan et sa chaine d'osselets permettent la transmission des informations pour retraitement par les neurones de l'entreprise, ses collaborateurs, avant d'être adressées au grand public. Les relations presse, relations publiques, la publicité, les services image de marque, la communication digitale, le RSE, … remplissent l'office de cet organe complexe dans le monde du travail : sièges, usines, réseaux, fournisseurs, clientèle, etc.

Toutes ces informations, une fois délivrées dans le cerveau de chacun, vont nourrir sa vision de l'entreprise. Bien qu'originellement ciblées sur le client final, elles ont un retentissement considérable sur le personnel. Un faux pas, un manque d'information peuvent avoir un impact assourdissant sur les collaborateurs et rejaillir sur les performances commerciales et l'image sociale de l'entreprise.

LA PUBLICITÉ ET LES RELATIONS PUBLIQUES ?
• Quand l'entreprise est très concurrencée et doit faire la différence par son ADN et l'image de ses produits
• Par une stratégie média précise et la capitalisation des actions
• Pour devenir incontournable dans son domaine, pérenne et objet de fierté pour le personnel

LA PUBLICITÉ ET LES RELATIONS PUBLIQUES

Inciter le consommateur ou l'utilisateur à fixer son attention sur une gamme de produits, une marque plutôt qu'une autre n'est pas une mince affaire ! À ce jeu, les entreprises ont plus d'une corde à leur arc. J'ai commencé par faire vibrer celle de relations publiques avant d'aborder la publicité. La corrélation entre Relations publiques, Publicité et « Accompagner pour plus de plaisir dans l'entreprise » n'est pas une évidence, au premier abord. Dans l'esprit de beaucoup, ces techniques sont faites pour doper les ventes, conditionner le client, le motiver. Issues des réflexions des experts marketing et communication de l'entreprise, les préoccupations des services Pub et RP ne semblent pas tournées vers le personnel de l'entreprise. Deux exceptions : quand il peut lui-même être client ou prescripteur. Cependant, les rabais consentis sur les produits maison ne font souvent pas des membres de l'entreprise des cibles privilégiées. De même, les jeux de pouvoir tronquent parfois les informations ou moyens donnés aux prescripteurs potentiels. Et pourtant, quand on voit l'adhésion, la fierté et même la ferveur ou au contraire, l'incompréhension, l'incrédulité et le rejet, que peuvent susciter certaines campagnes de publicité en interne, on s'étonne que ce paramètre soit aussi peu pris en compte. Le personnel découvre souvent les pubs et campagnes avec un léger retard par rapport au lancement et dans un contexte tout autre que le client final. Sans explications, il arrive que le contenu leur paraisse décalé et même insultant ou mensonger. C'est ainsi que l'on constate que le moral des collaborateurs d'une marque peut fluctuer en fonction des actions de communication et publicités et de l'adéquation ressentie avec l'ADN de l'entreprise. L'histoire du groupe souligne la hardiesse et la créativité de ses membres et de ses produits et voilà que toute l'entreprise fait corps et se sent valorisée par une publicité sur ce registre. On est fier de commenter la pub en famille et entre amis et le travail journalier prend sens. Les candidatures dites spontanées affluent.

A contrario, si la publicité montre une société où il fait bon vivre quand le contexte interne est tendu, morose, stressant, les employés le supportent mal. Ils vivent le malaise en direct, souvent devant témoins, ce qui accroit encore leur mal-être.

Depuis les années 2000, dans les grandes entreprises, l'intérêt des collaborateurs comme vecteurs de communication n'a pas échappé aux directions. Des actions d'information sur les campagnes de communication et sur les produits en lancement sont effectuées avec comme volonté d'informer en juste à temps et de transformer chaque collaborateur en prescripteur. Ce type de projet est de plus en plus complexe avec la multiplication des canaux de diffusion et l'accès à l'information pour tous en temps quasi réel. Anticiper et informer le personnel plus en amont entraîne des risques de fuites, périlleuses pour les sociétés. Par contre, la non-maîtrise de la communication en interne peut être source de découragement et d'images négatives. Par ailleurs, certains vont se sentir « utilisés ». Ils constatent que dans leur métier, leur avis est rarement sollicité et soudain, on leur demande de changer de casquette pour promouvoir l'entreprise !

La marge de manœuvre est faible et la négociation de l'investissement de tous, délicate quand Publicité, Communication interne, RP et gestion du personnel ne sont pas considérées dans leurs interactions. Le jeu en vaut la chandelle, n'a-t-on pas vu récemment des campagnes de publicité fédérer toute une entreprise et être déclinées en véritable projet d'entreprise à la satisfaction de tous.

La cohérence semble être le maître mot ! Les Relations publiques sont une forme de communication à plus long terme, ayant pour objet l'amélioration de l'image de marque. Bien connues des grandes entreprises, elles encouragent, par exemple, le parrainage de manifestations culturelles, sportives et artistiques ou l'assistance à certains publics : étudiants, chercheurs, etc. depuis de nombreuses décennies. Les retombées à brève échéance n'étant pas toujours mesurables, elles passent souvent à la trappe au premier coup de grisou industriel ou revers commercial.

Les entreprises qui s'y essayent cherchent à le faire avec panache et en préservant une certaine éthique. Cependant, certains esprits gestionnaires voient là, des caprices de Direction générale et d'éventuelles sources de réduction budgétaires ! Effectivement, la construction industrieuse, brique par brique, d'un terrain favorable à l'entreprise et à ses produits, ne se fait pas par des chemins directs. Il n'est souvent pas possible de mettre en équation, de façon quasi immédiate, investissements et résultats commerciaux.

Les recherches créatives indirectes visant à améliorer l'image, voire, par assimilation, les produits de l'entreprise, comme la création d'un musée pour une marque dans le Luxe, sont en cours de passer dans les mœurs. Elles sont considérées maintenant comme une forme de publicité plus long terme, soit, mais très productive pour accompagner la démarche marketing.

Naguère sous la houlette des directions de la communication, les relations publiques sont à l'heure actuelle à la croisée du marketing et de la presse via le Digital Marketing.

Les petites et moyennes entreprises hésitent à s'engager dans la voie du marketing d'image et préfèrent se cantonner à sa dernière branche développée dans les deux dernières décennies, bien qu'apparue dès les années 1960, la RSE*. Selon la norme ISO 26000, la RSE, Responsabilité sociétale des Entreprises, a pour objet d'instaurer plus de vigilance sur l'impact des décisions et activités de l'entreprise pour l'ensemble de la société. Elle induit « un comportement transparent et éthique ». Il vise au « développement durable y compris à la santé et au bien-être de la société » dans l'observation des « lois en vigueur » et « normes internationales ». La Commission européenne résume en 2011 : c'est « la responsabilité des entreprises vis-à-vis des effets qu'elles exercent sur la société ».

La communication sur le RSE affiche clairement ses deux cibles : le personnel et la société. Son objectif, participer au bien-être commun : préoccupation de l'environnement, respect des droits de l'homme, relations et conditions de travail, ergonomie au travail, rôle sociétal des entreprises dans le tissu social et le développement local, prise en compte des questions relatives aux consommateurs, etc.

Microsociétés ou grands groupes, tous apportent leur pierre à l'amélioration du vivre ensemble.

Les mondes du luxe, de la finance, des produits hautement affectifs comme l'automobile sont en constante recherche d'actions porteuses sur lesquelles communiquer. Ce qui a changé en un demi-siècle, c'est la puissance de frappe. On est passé d'un essaimage de tentatives ponctuelles visant à bien faire et timorées dans l'information, à des actions d'envergure largement couvertes par tous les médias à disposition.

La capitalisation des communications, la pérennité dans l'action ainsi que la recherche de cohérence avec la vie de l'entreprise permettent de tisser une toile qui, en donnant du sens et une vision, apporte un mieux vivre à l'intérieur.

LA PUBLICITÉ ET LES RELATIONS PUBLIQUES

Avantages	Inconvénients
• Permet de créer un lien rapide avec les prospects • Rends le produit ou le service visible • Fait connaître largement en peu de temps et en mettant en avant les + du produit • Permet la promotion des produits ou services en fonction de besoins identifiés • Gain de temps pour se faire connaître • Développement de la notoriété et de l'image • Participe à la création de l'ADN d'une marque	• Coût • Sévérise les réactions négatives en cas de promesse ressentie comme non tenue • Bénéficie parfois à la concurrence • Peut créer un mal-être dans l'entreprise par le décalage ressenti • À besoin d'un suivi dans la capitalisation de l'image pour être efficace

À VOUS !

- Quelle action ou absence d'action de communication vous a fait bondir ?

- Qu'avez-vous ressenti ?

- Avez-vous perçu des réactions similaires dans votre équipe ?

- À quel(s) sujet(s) ?

- Quelle(s) action(s) de communication pourriez-vous mettre en place pour booster le moral de votre équipe ?

LA FORMATION PROFESSIONNELLE CONTINUE

Nous avons tous, un jour, ressenti un malaise par rapport aux demandes nouvelles de notre hiérarchie ou d'un client. Une angoisse de ne pas être à la hauteur, de ne pas maîtriser la situation, de nous avérer incompétent. Ce mal-être passager, vite refoulé dans l'action, peut tourner au Burn out pour les plus perfectionnistes d'entre nous. Les entreprises essayent souvent d'anticiper en structurant des parcours formation en fonction des évolutions, techniques et organisations en gestation. Elles élaborent également des formations en « juste à temps » comme disent nos amis japonais.

L'enjeu est de taille pour l'entreprise qui se doit de garantir des prestations de qualité sous peine de disparaitre, dépassée par la concurrence. Le personnel doit donc se mettre à niveau, acquérir de nouvelles compétences pour ne pas prendre le risque d'être rejeté par le système.

Sans une formation progressive, adéquate, adaptée au niveau de chacun, le mal-être est proche.

LA FORMATION PROFESSIONNELLE CONTINUE ?
• Quand elle peut accompagner de façon continue et en temps réel les évolutions et être directement applicable
• En donnant sens et moyens au travail à accomplir
• Car elle rassure, soutient, donne des repères dans une entreprise en perpétuel mouvement

LA FORMATION PROFESSIONNELLE CONTINUE

La formation professionnelle a pour objet de permettre aux salariés d'acquérir les connaissances spécifiques, savoir-faire et savoir-être nécessaires à la bonne marche de leur travail et à son évolution dans le temps (article L6321-1 : c'est à l'entreprise d'assurer l'adaptation des salariés à leur poste de travail et de veiller au maintien de leur capacité à occuper un emploi, au regard notamment de la transformation des tâches, des technologies et des organisations...). Le préalable est, évidemment, que le travail soit bien défini et les objectifs clairement donnés. Or, c'est souvent là que le bât blesse. De plus, 70% des apprentissages ou développement de connaissances en entreprise sont informels de l'avis même des instituts de formation. Dans ce contexte, il est logique que pour gagner en efficacité, le management demande des formations, si possible rapides et peu onéreuses. Leur but est de rendre le personnel plus efficace et par voie de conséquence, l'entreprise plus rentable. Le salarié plus ou moins réceptif à l'idée de changement qu'il voit se profiler, accepte de jouer le jeu ou y est amené par son management. De toute façon, hanté par les mauvais augures développés quotidiennement par les médias, il se sent petit, « objetisé » dans un monde entrepreneurial qui le dépasse et semble s'emballer. Il se laisse donc souvent porter par les évènements. Il participe ou assiste à une formation décrivant un monde du travail qu'il ne reconnait pas toujours autour d'études de cas généralement développées en présentiel. L'organisation y est séduisante, les moyens sont là, les éventuels dérapages ne peuvent venir que des hommes à l'air de sous-entendre le gentil animateur. Ces façons originales de travailler qui lui sont proposées, lui paraissent parfois en complet décalage avec sa réalité quotidienne et ses capacités. Les services méthodes, organisation se font fort d'expliquer que les moyens ne peuvent que suivre et que son exemplarité va faire bouger les choses. Le principal objectif de la formation est de le motiver, valoriser son travail et compétences nouvelles, bref de le responsabiliser. Il patauge un peu, se sentant démuni face aux connaissances supposées acquises. Pas d'inquiétude à avoir, cette première formation sera soutenue par de la formation à distance et un suivi sur le terrain. Immense solitude face à l'ordinateur et culpabilité de ne trouver ni le temps ni l'envie de se former. Le Cloud ayant permis de mutualiser nombre de connaissances, certains se voient proposer du compagnonnage digital. Ne s'est-on pas trompé de cible ? Au travail, il lui est demandé d'accomplir ses tâches habituelles, sans faire de vague, quant à la mise en pratique de ses connaissances toutes fraîches, elle est plus que réduite. Comment peut-il être encore aussi inefficace après tout ce temps et cet argent dépensé en formation ? Quinze jours après, il n'a toujours rien mis de tangible en pratique, un mois après, il a tout oublié, n'a pas ouvert l'ordinateur et culpabilise. Le stress augmente, il s'aigrit.

Ce phénomène a été repéré par nombre d'entreprises, ce qui a entraîné une démarche plus pragmatique de formation. La formation accompagne la réorganisation et la mise en place des moyens prévus pour les utilisateurs au lieu de la précéder. Sauf exception, comme les groupes pilotes et les équipes projet qui défrichent le terrain et à qui sont attribués des budgets pour ce faire. Malheureusement, les moyens et l'informatique connaissent parfois des hoquets, les projets ne sont pas toujours suffisamment aboutis et l'entreprise court après les marchés en perpétuelle évolution, laissant souvent son personnel dans « la débrouille ». Les formations qui collent au contexte et dont les objectifs sont clairement définis ne sont pas encore assez nombreuses. Parallèlement, les formations continues courtes deviennent progressivement un outil managérial, le symbole de la reconnaissance de l'entreprise, sa face humaine. Dans un monde où l'humain est une ressource comme une autre, les formations au développement personnel fleurissent pour aider à supporter le quotidien.

Les parcours de formation éclatés en présentiel, e-formation, et animations de groupes de réflexion suivis de coaching ont, peu à peu, réussi à correspondre à la réalité mouvante du monde de l'entreprise et à remettre l'individu au centre de sa formation. . La formation continue n'est plus « one shot », le travail se fait sur du long terme et le salarié a pris conscience que la formation est son moyen de mieux maîtriser son parcours professionnel et non la réponse au seul besoin de l'entreprise.

L'évolution de la législation en matière de formation est en cours de finalisation générant beaucoup d'incertitudes, de craintes, mais aussi d'espoirs à travers la création du CPF Compte professionnel Formation. Va-t-il comme prévu redistribuer un peu de pouvoir au salarié ?

Il n'en reste pas moins que la volonté de l'équipe de direction et du management de proximité de communiquer clairement vers le personnel et le marché sur ses objectifs est incontournable pour la mise en place d'une formation continue efficace. L'adhésion à la formation commence par le sommet de la pyramide.

LA FORMATION PROFESSIONNELLE CONTINUE

Intérêt	Écueils à négocier
• Dans la formation par études de cas : même en se trompant, on construit ! • Peut fidéliser les collaborateurs • Se met au service de l'humain • Apprentissage centré sur la tâche • Apprentissage en contexte favorisant la résolution de problèmes • Application rapide des savoirs et savoir-faire nouveaux • Engagement dans l'apprentissage via les débats, activités, et la planification du transfert des acquis en situation. • Formation mieux intégrée au travail • Possibilité de mettre en commun et d'ouvrir sur l'extérieur certains programmes de formation à distance (type MOOC) • L'officialisation et l'ouverture vers l'extérieur de certains programmes de formation peuvent être vectrices d'image	• L'objectif de la formation est parfois oublié • « La rectification des erreurs dans le cadre de la formation » est souvent mal vécue en Europe • Impossibilité d'appliquer immédiatement les nouvelles compétences, connaissances • Manque d'adhésion de toutes les strates de l'entreprise aux évolutions • Moyens insuffisants • Méconnaissance de certains du projet d'entreprise et des objectifs • Incapacité à motiver l'ensemble des participants au projet • Formations sans suivi • Formateurs peu ou pas formés au jumelage présentiel/digital • Pour qu'un programme digital soit acceptable, son utilisation doit être simple : 3 clics à maîtriser • Peu de vision sur la rentabilité des formations à distance. On sait que seuls 4 % des étudiants arrivent en phase de certification de MOOC actuellement.

À VOUS !

Classer cette liste de commentaires entendus sur la formation en fonction de votre vécu puis de ce que percevez dans l'attitude de vos équipes :	Vous	Vos équipes
• Un outil précieux		
• Un plaisir		
• Un sujet d'inquiétude		
• Un outil comme un autre		
• Sans utilité		
• Une activité chronophage		
• Une opportunité		
• Pas applicable		
• Un signe de reconnaissance		
• Un préalable à un changement de poste		
• Un ennui profond		
• Inaccessible		
• Trop théorique		

Quel type de formation faut-il privilégier d'après vous dans votre service ?

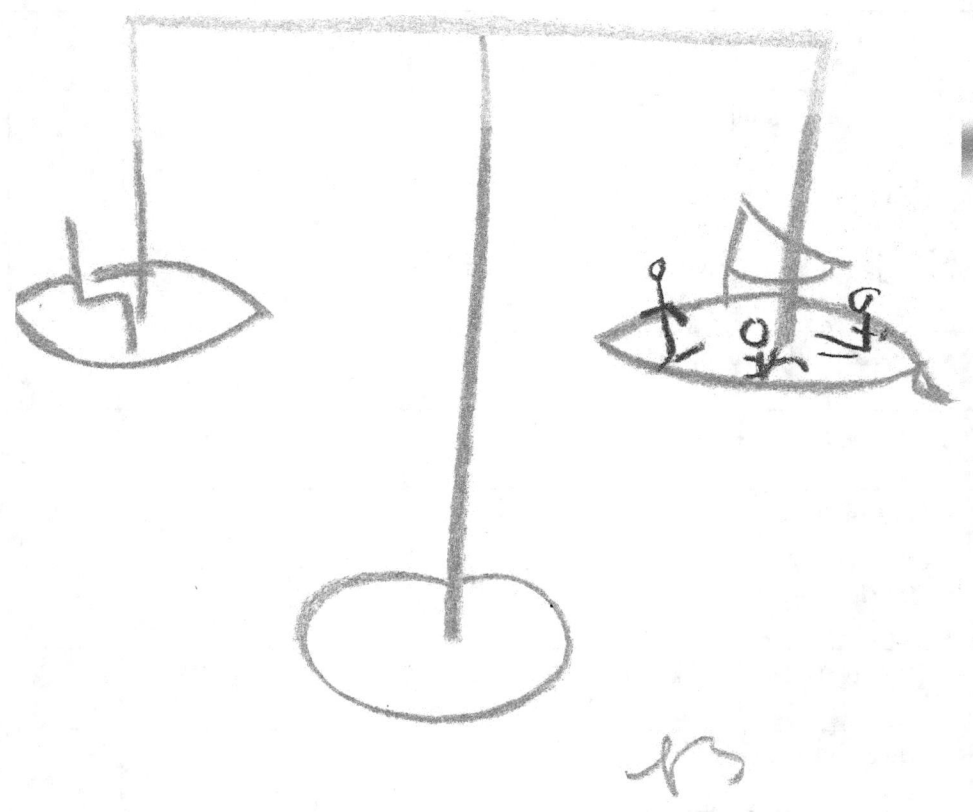

53

PROFILS DE COMPÉTENCE ET PESÉE DE POSTE

Comment prétendre aider son équipe à travailler dans le confort de la bonne maîtrise de son poste si l'activité dudit poste et les capacités requises n'ont pas été clairement définies ? C'est fait depuis longtemps s'écrient nos directions, grandes amatrices de Normes ISO ! L'entreprise oublie un peu vite les évolutions constantes auxquelles sont soumis ses collaborateurs : enrichissement de poste, nouveautés technologiques, réorganisations successives pour mieux attaquer le marché, nouvelles demandes de la clientèle, etc. Par ailleurs, le personnel est composé d'individus souvent polyvalents, certes, mais pas pour autant interchangeables. Tel maniera avec aisance l'approche technico-commerciale alors que tel autre excellera dans son domaine d'expertise, mais se montrera frileux dans les démarches commerciales. Selon la taille de l'entreprise ou de l'organisme, le problème se complexifie encore. Si les entreprises du CAC 40 peuvent se permettre d'avoir des spécialistes, les PME n'ont parfois que quelques personnes ressources sur lesquelles s'appuyer. Pour faciliter l'évolution des salariés au travail, il est nécessaire de les connaître et donc de les évaluer régulièrement. En fonction des résultats, des parcours adaptés aux besoins pourront être proposés.

LA DÉTERMINATION DE PROFILS DE COMPÉTENCES ET LA PESÉE DE POSTES ?
• Quand l'objectif est de savoir d'où on part pour fixer un cap et non de sanctionner
• En utilisant une approche pluridisciplinaire intégrant les profils concernés
• Pour assurer la pérennité de l'entreprise

PROFILS DE COMPÉTENCE ET PESÉE DE POSTE

Définir les connaissances (savoirs, procédures), compétences (savoir-faire) et aptitudes (qualités fondamentales) que doit posséder le titulaire d'un poste pour bien exécuter son travail n'est pas chose facile. Cette phase chère, à tous les sens du terme, à nos directions du personnel qui en déduisent de savantes grilles d'évolution et de rémunération est souvent oubliée par les services formation et organisation, quel que soit leur rattachement hiérarchique. C'est pourtant un préalable à toute réflexion en profondeur sur l'évolution à donner aux formations et une nécessité pour parvenir à élaborer des outils d'évaluation pertinents. Dans l'automobile, par exemple, il flotte souvent dans les services une impression de maîtrise de ce qu'est, doit être et sera le parfait mécanicien, technicien expert, carrossier, etc. On les connaît, on les côtoie et si l'on en croit les discours de la hiérarchie, c'est une masse qu'il suffira de modeler par des ajouts de nouvelles couches de directives et si nécessaire de formation. C'est oublier un peu vite que chaque personne est unique, avec un passé, un vécu, un ressenti et des aspirations différentes y compris dans un domaine d'activité aussi concret que la maintenance d'un véhicule.

Dans les années 2000, dans l'automobile, le passage de l'ère de la mécanique à celle de l'électronique embarquée a provoqué une prise de conscience de la méconnaissance profonde des connaissances et capacités réelles des mécaniciens. Les premières réactions constatées dans un premier temps parmi les techniciens pointus des bureaux d'étude face au multiplexage laissaient entrevoir un abîme de difficultés. Déjà, face à des véhicules « classiques », les équipes assistance technique relevaient de sérieux décalages, mais là, il allait falloir se mouvoir dans un univers peuplé d'électricité, d'électronique, d'informatique. Pire, les mécaniciens pour établir un prédiagnostic devraient acquérir la capacité de dialoguer avec le client et de lui poser des questions pertinentes.

Un état des lieux (répertoire des tâches et moyens, formation nécessaire, diplômes requis, expérience indispensable, compétences et connaissances spécifiques, aptitudes, qualités…) s'impose pour connaître l'ampleur de la mission à accomplir et les moyens à mettre en place. Avec le gestionnaire ressources humaines de l'après-vente, nous avons répertorié tous les métiers existant encore dans les ateliers et avons repris, une à une chaque définition de poste. Sur le papier et pour une population travaillant dans les grands établissements gérés par le siège, nous avions une vision assez claire des acteurs en place et de ce qui leur était demandé à ce jour. Oui, mais demander est une chose, obtenir en est une autre ! Et comment gérer l'avenir ? Nous n'avions pas moins de 13 différents métiers à ausculter. Au chevet de ces malades qui s'ignoraient, nous avons mandé des représentants de tous les partis concernés. Avec l'aide d'un outil de définition de poste spécialement adapté pour nous par un grand cabinet de conseil en gestion de profils, nous avons étudié la façon de travailler actuelle et à venir de chaque métier. Pour ce faire, nous avons réuni : 2 personnes du métier en poste, le responsable d'atelier responsable, le Directeur de la succursale, les spécialistes bureaux d'étude en charge des évolutions afférentes au métier, un responsable organisation, le responsable RH du point de vente et moi-même.

Avec en point de départ, les fiches de poste, chacun a réagi en fonction de son vécu et de ses connaissances et nous avons synthétisé notre travail sur le document de définition de poste prévu à cet effet en donnant à chaque fois une évaluation des capacités nécessaires ou du besoin de maîtrise d'une technique dans tel ou tel domaine en fonction des nouveaux véhicules et nouvelles organisations. Il était clair pour nous tous que ce travail n'était qu'une approche, et devrait être en perpétuelle évolution. Par exemple, certains métiers se regrouperaient sans aucun doute dans le futur et la technologie continuerait à évoluer. Par ailleurs, tous les ateliers ont leur identité et organisation propres. Selon l'ampleur de la structure, sa localisation, la répartition par types des interventions, le mode de management, la courbe d'âge du personnel, sa formation de base, sa provenance, les goûts de chacun, etc., de nombreuses variations sont probables. Quelles que soient les imperfections de ce travail de Romain, devant lequel nous nous sentions tous bien modestes, il était incontournable. Il a permis de fixer le cap indispensable à la restructuration de la formation et à l'établissement d'évaluations. Les résultats de ces évaluations ont rendu possible l'ajustement individuel des formations en fonction du métier et du niveau de chacun. Cela a également été une grande aide pour le recrutement de nouveaux collaborateurs et la définition d'un plan de rémunération.

PROFILS DE COMPÉTENCE ET PESÉE DE POSTE

Points forts	Points faibles
• Analyse reposant sur le travail réel effectué par le salarié • Réflexion indispensable à la gestion d'une entreprise (recrutement, politique de rémunération, restructurations, évaluation/formation, etc.) • Base de dialogue possible lors des entretiens annuels • Démarche structurante permettant à tous les collaborateurs de connaître leurs rôles respectifs (à travers les fiches de poste généralement accessibles à tous) • Aide au recrutement et à l'intégration des nouveaux entrants • Participe à la réflexion sur la montée en compétences et à l'évolution des différentes catégories de personnels	• Difficile à réaliser en période de restructuration • Chronophage • Fort investissement en interne pour être pertinent • Risques d'un « arrêt » sur image sans mise à jour régulière • Risques psychosociaux • Attention, ne pas confondre la fiche de poste et le profil de compétences Le profil de compétences est construit à partir de la fiche de poste et essaye de déterminer des niveaux. Elle permet d'évaluer la personne dans un poste et de mesurer les écarts par rapport au profil requis

À VOUS !

- Avez-vous une bonne connaissance des évolutions à venir ?

- Pouvez-vous en citer trois qui risquent de vous impacter :

    1)

    2)

    3)

- Vos collaborateurs et vous-même possédez-vous les moyens de gérer ces nouveautés :

à   20%   40%   60%   80%   100%

Classer cette liste de commentaires souvent entendus L'évaluation est :	Vous	Vos équipes
• Un moyen de progresser		
• Une mise en danger possible		
• Une possibilité de se positionner		
• Un challenge, j'aime la compétition		
• Une opportunité pour montrer mes capacités		
• Une source d'angoisse		
• Nécessaire à toute évolution		
• Annonciatrice de changement		
• Un système injuste		
• Un signe d'espoir		

- **Que vous inspirent ces résultats ?**

LA CONDUITE DU CHANGEMENT

Changement, le simple mot est déjà sujet à polémique dans l'entreprise !

Objectif en soi pour certains, moyen à utiliser avec circonspection, signe avant-coureur de progrès, promesse de futurs qui chantent, motif d'angoisse voire de rébellion pour d'autres, le changement semble être la meilleure et la pire des choses comme aurait pu le dire Ésope !

Que l'on soit placide, hardi ou timoré, nul n'est indifférent au changement. La conduite du changement est donc un sujet délicat, à manœuvrer avec prudence pour qui veut préserver cohésion et bien-être dans une entreprise qui va de l'avant.

LA CONDUITE DU CHANGEMENT ?
• Quand les préoccupations des collaborateurs sur le terrain sont entendues
• En sollicitant les membres de l'entreprise en amont des changements, en les faisant participer à la réflexion et en trouvant les relais nécessaires parmi eux
• Pour obtenir la compréhension de la nécessité de changement, l'adhésion au projet et le plaisir de travailler pour quelque chose qui fait sens

LA CONDUITE DU CHANGEMENT

La conduite du changement est un monde où je suis arrivée par hasard. Responsable du poste de coordination des formations Europe, m'étaient échus les projets liés aux évolutions d'organisation et à la formation. Ceux-ci suscitaient inquiétude, rejet, polémique dans le groupe. Rien d'étonnant à cela si l'on comprend bien le titre de coordinateur en entreprise. Généralement, il a pour objet de mettre du lien, de travailler en transversal avec des services qui normalement, devraient savoir le faire seuls. Le succès de sa mission devrait, en théorie, appeler l'autodestruction !

Ce que l'on appelle conduite du changement en entreprise est souvent perçu comme un accompagnement de transformations en rupture avec l'existant. Les tenants et aboutissants de la ou des solutions retenues sont généralement vécus comme obscurs et déstabilisants pour ceux à qui l'on demande l'effort d'évolution et parfois pour toute la ligne hiérarchique en dehors du COMEX ! Longtemps, on a considéré que la conduite du changement devait commencer par un diagnostic, relevant forcément l'incurie des systèmes en place et reprenant point par point les erreurs réalisées par les précédents, suivi d'une vague de communication puis d'un déploiement volontariste. Rares sont les sociétés qui adoptent une approche ouverte focalisée sur le personnel afin de capitaliser à partir de l'existant pour aller de l'avant. Elles brandissent la notion d'état d'urgence, de danger menaçant, de retard concurrentiel, de risque de stagnation et se lancent à corps perdu dans les démarches de conduite du changement. Il faut de la remise en cause, du neuf, de la créativité, du remue-méninge voire du remue-ménage pour amorcer un changement qui se veut draconien ! Ma plus belle mission en matière de conduite du changement n'a pas échappé à cette règle. Depuis plus d'une année, les équipes projets nouveaux véhicules travaillaient sur des concepts multiplexés. L'arrivée de cette nouvelle technique jetait l'émoi dans les bureaux d'études après-vente chargés de prendre en compte dès la conception des véhicules les nécessités de maintenance post-commercialisation. Les interventions sur les automobiles allaient demander des compétences pointues en électricité et une aptitude à manipuler les nouveaux moyens informatisés en cours d'élaboration. Le profil des mécaniciens en place dans les réseaux européens semblait éloigné des besoins recensés. Dans l'urgence, il fallait détecter les forts potentiels et les amener au niveau requis puis faire suivre l'ensemble des collaborateurs. Naturellement, les capacités et les connaissances étaient disparates. On résolut donc de créer un outil d'évaluation en fonction des principaux profils identifiés et de lancer la machine. Dans les Services Formation européens, les Directions centrales et les Réseaux après-vente des différents pays, les clignotants « Danger » commencèrent à s'affoler. Dos au mur, après avoir mûrement réfléchi et dégagé des ressources pour la conception de l'outil d'évaluation, la décision fut prise d'informer les pays pour qu'ils appliquent en fonction du schéma défini. L'équipe de direction avait eu besoin de plus d'une année de maturation pour élaborer ce nouveau projet. Paradoxalement, le projet leur paraissait tellement incontournable, bien qu'étant une totale remise en question des façons de procéder en place, que son déploiement était pour eux simple affaire d'organisation. Le terrain devait mettre en pratique au plus vite… Qui dit évaluation, dit remise en cause des hommes. Il n'est jamais agréable de voir ses manques, aussi compréhensibles soient-ils, rendus quasi publics. Et puis, que « vont-ils » faire de ces informations ? Qui y aura accès : mon chef direct qui m'emploie, mes collègues qui peuvent me doubler, le service formation, les directions des ressources humaines ou de l'après-vente, les directions des entités géographiques ?

En charge de la conception des tests d'évaluation, de suivi des traductions, de la mise en place du support informatique et du déploiement, il m'est apparu rapidement que pour que l'outil voie le jour, il fallait repartir de ce qui faisait sens pour le personnel afin que les besoins de la direction et du terrain se rejoignent. Des relais d'opinion étaient à trouver d'urgence pour parrainer l'opération. Épaulée par un prestataire extérieur d'une grande ouverture et soutenue par un directeur prêt à se battre pour le projet sur tous les fronts, l'aventure a commencé. Avec l'aval des DRH, nous avons débuté par une prise de température avec comme courroies de transmission les services formations de tous les pays.

Je me suis déplacée dans tous les pays concernés pour faire réagir sur le projet « outil d'évaluation des formations », des candidats éventuels à l'évaluation, des formateurs et des responsables.

Résumons le contexte de cette période :

La règle était qu'à l'occasion de chaque sortie de véhicule ou de grandes nouveautés techniques, les responsables formation viennent en France où ils assistaient à un exposé magistral. Réalisé à marche forcée et terminé la vieille pour pouvoir bénéficier des informations les plus à jour, cette performance était toujours saluée avec admiration par les heureux élus, passionnés de technique et d'automobile qui découvraient la voiture et la technologie en avant-première. Ils repartaient, la bible sous le bras, après 3 jours plus qu'intensifs, se disant qu'un travail pédagogique titanesque à caler sur 15 jours s'imposait alors que les formateurs du siège attendaient une restitution fidèle du cours dispensé.

Personne n'avait jamais songé ni d'un côté ni de l'autre à échanger sur le ressenti de la formation, chacun étant persuadé que l'autre avait compris. Compris les lourds contenus, la façon dont ils devaient être utilisés vis-à-vis des techniciens du réseau, etc. Ce quiproquo permettait à tous de jouir d'une certaine liberté dans leurs tâches quotidiennes et de tirer gloire de leur protocole propre. Les formateurs sièges se positionnant en savants experts aux formations dignes d'ingénieurs, les formateurs pays en pédagogues capables de comprendre puis adapter ces informations de haute technicité aux besoins des réparateurs autochtones.

Cette nouvelle démarche a naturellement dans un premier temps suscité de l'inquiétude. Pourquoi souhaitions-nous savoir comment les différents services formation fonctionnaient et que voulions-nous faire de ces informations ?

Tant que faire se peut, j'ai tenté de les rassurer, leur expliquant la problématique et notre constat de l'hétérogénéité des niveaux en France et sans doute ailleurs, ainsi que notre désir de faire le point et de travailler avec eux sur ce projet.

Selon la courbe d'âge des réseaux, les habitudes pédagogiques propres à chaque pays, le profil du responsable de la formation, sa vision plus ou moins optimiste des capacités d'évolution des mécaniciens, nous étions face à une mosaïque de réactions et de formations. Tous les centres de formation avaient des éléments d'approche qui pouvaient considérablement enrichir notre démarche, techniques pédagogiques novatrices, formations très concrètes, capacité à redonner confiance aux plus faibles, pragmatisme, sens de l'image, analyse du plus petit dénominateur possible pour faire bouger des réseaux exsangues...

La société souhaitait procéder de façon très directive. J'ai pensé que le plan de développement gagnerait beaucoup en créativité, souplesse et donc réactivité en rendant actrices toutes ces personnes considérées jusqu'alors comme de simples courroies de transmission.

Nous sommes donc repartis de leurs besoins et ressentis. Nous avons construit ensemble un outil d'évaluation des compétences des différents techniciens de leur pays. Ce système informatisé était adaptable dans son déploiement à leurs façons de voir, à la réalité de leur terrain et aux sensibilités des uns et des autres. Factuel et non intrusif, le contenu de ces évaluations validé en amont était jugé par tous comme le juste nécessaire. Nous avons pris le temps de présenter la démarche à toutes les strates du réseau, avec des moyens appropriés à chacun et avons attendu la levée de verrou avant de lancer les évaluations.

Grâce à la contribution de tous, l'entreprise a franchi sans trop de secousses et sans désordres sociaux un nouveau palier technologique.

Plus de dix ans ont passé, l'outil a bien sûr évolué, mais son principe existe encore. Récemment, j'ai eu la surprise d'entendre une ancienne collègue me rapporter un propos tenu aux Pays-Bas à mon sujet «une des rares personnes du siège qui sait écouter et ne pense pas tout maîtriser » !

LA CONDUITE DU CHANGEMENT

Pour une conduite du changement réussie	Écueils à négocier
• Avoir une vision • Définir les objectifs du changement • Construire une vision commune déclinable et adaptée à tous les niveaux de l'entreprise • Analyser la situation points forts/risques • Partir du positif pour avoir s'appuyer sur une base solide et tangible • Avoir identifié les acteurs relais • Mettre les acteurs relais au travail en leur proposant un challenge stimulant, porteur de reconnaissance et avec un bon soutien organisationnel • Établir un diagnostic des besoins • Établir un calendrier concret des étapes en fonction des moyens disponibles • Se fixer des objectifs réalisables en % • Mesurer les objectifs atteints en réalisations et dans le temps • Négocier et renégocier en amont et en aval tout au long du déploiement pour faire avancer le projet • Mettre en place un suivi et un plan d'action sur la durée • Évaluer régulièrement le changement • Communiquer régulièrement • Être à l'écoute du personnel et des clients et tenir sur la durée • Ne jamais rien prendre pour acquis • Organiser un help desk et former des personnes recours • Gérer le stress • Partager	• Croire que sa vision est la seule réalité objective • Prendre des décisions autoritaires sans donner de sens : obéissance apparente n'est pas adhésion ! • Prendre insuffisamment en compte les risques stratégiques, économiques, organisationnels, psychosociaux qui peuvent s'avérer supérieurs aux bénéfices (mauvais climat social, incompréhension du marché, etc.) • Laisser des changements mal digérés (pas de stabilisation, ordres/contre-ordres) • Donner l'image négative d'une société en changement perpétuel, en interne, en externe ou les deux • Avoir des exigences sans rapport avec ses moyens (ex. : 100 % de réussite) • Oublier de sensibiliser toutes les strates impactées (réseaux, usines, etc.) • Croire qu'une campagne de communication ou qu'une réorganisation est suffisante pour un changement pérenne • Donner l'impression que le projet n'est plus prioritaire • Ne pas envisager l'inertie possible de la ligne hiérarchique

À VOUS !

Opinions sur le changement dans votre service Cochez une ou plusieurs réponses	Vous	Vos équipes
• À poursuivre en continu		
• Un objectif en soi		
• Quelque chose de déstabilisant		
• Un moyen dont il ne faut pas abuser		
• Les prémices du progrès		
• Incontournable		
• L'assurance d'une amélioration		
• Une cause d'inquiétude		
• Un handicap pour la pérennité de l'entreprise		
• Un TOC de la société actuelle		
• Un obstacle à la stabilité		
• Le signe d'une organisation vivante et créative		
• À combattre !		

- Que vous inspirent ces résultats ?

- Avec l'aide du tableau ci-dessus, relevez 5 éléments indissociables pour vous d'une conduite du changement réussie

LE CONSEIL EN INSERTION :
HUMANISER LA MACHINE

« Les patrons des autres sont peut-être mieux que le vôtre ». Ce clin d'œil vu sur VIADEO est bien représentatif d'un courant de pensée actuel. Les salariés pour lesquels la demande du marché est forte, n'hésitent plus à passer d'une entreprise à l'autre, tranquillisés par le parachute qu'offre encore Pôle Emploi. Ils sont plus à la recherche de l'entreprise dans laquelle ils se sentiront bien qu'attirés par l'appât du gain. L'exercice est plus difficile pour les jeunes sans qualifications ou pour les nouveaux seniors de 50 ans et plus. Pour eux, la problématique est très différente, car la priorité est de trouver l'entreprise prête à prendre le risque avec eux.

Le conseil en insertion navigue entre ces publics, stimulant les uns et tentant de restaurer chez les autres une confiance en soi qui s'étiole au fil des semaines sans travail.

Préserver les capacités de bien vivre l'entreprise et d'y démontrer son efficacité est un challenge de tous les jours.

LE CONSEIL EN INSERTION ?
• Quand le retour à l'emploi n'est plus une évidence
• En écoutant, encourageant, soutenant et débroussaillant le terrain avec le candidat
• Pour rebondir, aller vers un emploi pérenne et une meilleure adéquation travail/plaisir

LE CONSEIL EN INSERTION : HUMANISER LA MACHINE

Je suis entrée dans le conseil en insertion, comme on entre dans les ordres. Après avoir longuement fréquenté les entreprises, puis monté et vendu la mienne, je me sentais en quelque sorte appelée ! Toute cette expérience accumulée pendant plusieurs décennies devait servir le monde du travail. Après m'être formée aux techniques de recherche d'emploi, je me suis lancée par la petite porte des prestataires de Pôle Emploi.

Favoriser l'emploi et l'insertion professionnelle des demandeurs d'emploi ou personnes en repositionnement de carrière est l'objectif du conseil en insertion.

Il dispose pour accomplir cette tâche de supports et guides d'intervention informatisée lui permettant de définir le projet individuel de chaque candidat. En fonction des besoins de chacun, après avoir vérifié sa maîtrise des techniques de recherche d'emploi, il lui proposera des actions (réunions thématiques métier, tests de connaissance de soi, enquêtes métiers, techniques d'entretien, etc.), le conseillera dans ses démarches, le soutiendra par un suivi attentif.

Conseils personnalisés, évaluations psychologiques, animation de groupes, bibles de toutes sortes répertoriant toutes les institutions et organismes pouvant concourir à l'accession à l'emploi sont ses outils quotidiens.

Formulé ainsi, le conseil en insertion semble être un avatar de Shiva aux capacités extensives et aux pouvoirs illimités. Si cela peut être le cas dans quelques cabinets de conseil ou d'outplacement auxquels la majorité n'a pas accès, il n'en est malencontreusement rien à Pôle Emploi ! Surchargé de dossiers, formé principalement aux évolutions des programmes informatiques qu'il doit posséder au quart de tour, le conseiller Pôle Emploi barbotte le plus souvent dans les méandres administratifs. Peu de conseillers en insertion ont un vécu de l'entreprise. Quelques exceptions, des malheureux débarqués plus ou moins fraîchement de leurs sociétés pour raisons économiques et recyclés, à peu de frais et en CDD, par l'ogre de l'administration.

Sans réel statut, ni la moindre reconnaissance des uns ou des autres, ces Conseillers sont pris en étau entre la machine Pôle Emploi et des chômeurs oscillants entre désespérés et goguenards. Leur principale ressource consiste à tenter d'humaniser la Machine, pour ne pas dire le machin à l'instar du Général de Gaulle! Ils déploient, pour la plupart, des trésors de compréhension et d'empathie et espèrent ainsi soutenir leurs clients chômeurs. Effectivement, passé le recadrage du CV ou de la lettre de motivation et un éclairage sur les procédures de recherche d'emploi du moment, les moyens sont loin de ceux d'une agence de placement ou d'un organisme d'adaptation au marché par la formation. Ils ne disposent que d'une vingtaine de minutes pour passer en revue les points nécessaires à la recherche d'emploi et remonter le moral des candidats au décrochage, souvent usés par les rejets répétés. L'administration comme beaucoup d'entreprises est gourmande de tableaux de contrôle et de suivi en tous genres. L'administratif grignote donc encore, malgré les progrès de l'informatique, les neuf dixièmes du temps imparti au demandeur d'emploi. Heureusement, les ateliers d'orientation et d'approfondissement des techniques de recherche d'emploi les échanges entre participants et quelques formations courtes permettent aux plus solides de se remettre en selle.

Le conseil en insertion recouvre donc des réalités diverses, allant des locaux déshumanisés de l'administration aux confortables cabinets d'outplacement offerts à certains cadres en passant par une grande variété d'organismes recrutés pour pallier le manque de conseillers. Ces organismes qui se veulent qualitatifs pour répondre au cahier des charges de l'administration sont vite happés par l'hydre bureaucratique. Remis en cause quasi annuellement, étouffés par un carcan administratif, ils s'éteignent faute d'atteindre les résultats espérés, pour renaître de leurs cendres un peu plus loin, car la courbe du chômage, elle, résiste.

Hétérogènes, mais tous soucieux de l'humain, les conseillers en insertion remplissent un rôle indispensable auprès des demandeurs d'emploi. Les conseils pratiques, les mises à jour des connaissances du fonctionnement du marché de l'emploi, les contacts organisés, mais surtout le soutien régulier apporté pendant la recherche permettent à beaucoup de rebondir.

LE CONSEIL EN INSERTION

Apport	Limites
• Un interlocuteur à l'écoute des besoins du demandeur d'emploi ou de la personne en reconversion • Un orienteur • Une aide à la définition de projet (profil, bilan, plan d'action...) • Un facilitateur pour la reconversion et l'accès aux formations • Une boîte à outils à disposition (CV, lettre de motivation, mail, réseautage…) • Un organisateur • Un soutien pendant la recherche d'emploi • Un filtre pour accéder aux offres disponibles dans son réseau • Une aide face au stress et aux interrogations • Un booster de confiance en soi	• Rarement en capacité de chercher un emploi pour vous ou de vous proposer un emploi • Dispose d'un temps mesuré • Suit un processus cadré • N'a pas toujours une connaissance terrain des métiers ou de la vie en entreprise, mais dispose d'une nomenclature métier régulièrement mise à jour • N'est généralement pas décisionnaire en matière de formation, ni d'organisation • N'est pas un psy, ni un coach

À VOUS !

- La démarche décrite dans le témoignage vous est-elle familière ?

- Quelle est votre vision du conseil en insertion ?

- Relevez 3 éléments qui vous parlent dans le tableau de la page précédente

  1)

  2)

  3)

- Que souhaiteriez-vous trouver auprès d'un conseiller en insertion ?

- Avez-vous envisagé d'y recourir ?

- Pourquoi ? Pour quoi ?

L'ACCOMPAGNEMENT AU REPOSITIONNEMENT DE CARRIÈRE

Mon patron est « un abruti incompétent », que faire ? Mon travail ne m'intéresse plus, faut-il me résigner ? Quelles possibilités s'offrent à moi ? Je n'ai plus confiance en cette entreprise ni en moi, aidez-moi à rebondir ! Dois-je me mettre à mon compte ? Monter mon entreprise ?

Le repositionnement de carrière s'adresse en général à des personnes de la quarantaine qui cherchent à redonner du sens à leur vie. Leurs enfants sont presque élevés, leur situation est relativement confortable et elles ont moins d'obligations. Elles voudraient découvrir de nouvelles possibilités pour vivre le monde du travail dans le dynamisme et l'enthousiasme voire la passion et l'aventure plutôt que de le subir.

À cela, pas de réponse standard ni définitive. En priorité, le conseil en repositionnement de carrière va essayer de cerner la raison de ce mal-être, de ce décrochage dont les causes sont parfois extérieures à l'emploi occupé. Aborder la dimension reconversion professionnelle ne peut se faire que dans un deuxième temps. L'objectif est de trouver quelle évolution pourra redonner goût au travail, rarement de déclencher une révolution complète.

L'ACCOMPAGNEMENT AU REPOSITIONNEMENT DE CARRIÈRE

L'accompagnement au repositionnement de carrière est une phase intermédiaire entre le conseil en insertion et le coaching-médiation singulière.

Le terme accompagnement, utilisé dans d'autres domaines comme le médical, le social, la formation, laisse bien entendre la notion de « cheminer avec » une personne pour qu'elle trouve sa solution au problème de cursus professionnel qui se pose à elle.

Cette technique est plus une aide à l'analyse de la situation, une réflexion créative structurée dont l'objectif est clairement défini, qu'une recherche systématique de travail ou d'ajustement à une fonction telle que la mènerait un conseil en insertion. Par ailleurs, son spectre est plus étroit que celui d'une médiation singulière, car la cible à atteindre est identifiée au départ.

Il n'est pas rare qu'un accompagnement en repositionnement de carrière, pour les candidats en poste, se solde par la réalisation qu'il est urgent de ne rien faire. L'accompagné réalise parfois qu'il promène son mal-être sur son dos comme la tortue sa maisonnette ! Il se met alors, au travail pour reconsidérer sa façon d'interagir et mieux vivre l'entreprise. D'autres prennent conscience que certaines de leurs valeurs trouveront un accomplissement dans des tâches autres, d'ordre bénévole ou créatif. Certains, en faisant évoluer de façon imperceptible leur travail y retrouve goût. Curieusement, les virages à 180° ne sont pas très nombreux, pourtant les demandeurs semblent à la recherche de l'aventure.

Un accompagnement en repositionnement de carrière commence souvent par « je n'en peux plus de mon travail, mon chef est un nul, je voudrais faire autre chose, mais je ne sais pas quoi et j'ai peur de me lancer » ! On comprend ces personnes qui s'inquiètent du vide alors que leur vie était jusqu'alors trop remplie. Elles, par contre, ont du mal à s'entendre et à cette exaspération vient couramment s'ajouter une lassitude d'elle-même...

Ne brusquons rien et démarrons par un bilan de compétences. Il n'est pas réservé aux demandeurs d'emploi. Travailler sur le « je ne sais pas quoi », voilà une démarche rassurante qui rebooste momentanément l'ego. On la prend au sérieux et on attaque la pointe de l'iceberg à bras le corps ! Profil psychologique, analyse des caractéristiques de l'individu : contexte familial, qualités reconnues par l'entourage, valeurs relatives au travail (créativité, autonomie, stimulation intellectuelle, goût du management, etc.), atouts professionnels, compétences acquises, réalisations professionnelles, centres d'intérêt professionnels, etc.

Jusque-là, tout va bien. L'accompagnant/conseil vous parle de vous en mettant en avant points forts, capacités et compétences et l'impétrant a l'impression de voir la chape d'anxiété qui le recouvre se lever quelque peu. On va trouver la réponse à son problème. Outils et experts vont mouliner et une solution va jaillir. Malheureusement, la chose n'est pas si simple. L'ordinateur tout comme le spécialiste n'aiment que les risques calculés et les propositions ont un vilain goût de déjà-vu. Par ailleurs, il n'y a pas forcément de poste vacant correspondant à votre profil pour l'instant dans l'entreprise. A cas où vous souhaiteriez changer d'entreprise, on vous suggère un dernier test. « Oui, travailler pour une noble cause vous tient à cœur ». « L'associatif, pourquoi pas ? » « Non, l'argent n'est pas votre principale motivation ». L'informatique se met au travail, mais le résultat vous laisse perplexe. À part « prêtre », vous aviez déjà tout envisagé !

Vous revenez sur terre. Le Conseiller RH vous demande d'étudier une option réaliste, de sonder le marché, de cibler et monter un projet, de le tester ou de le présenter à des professionnels, de faire un business plan parfois…

Et si la question ne résidait pas plutôt dans le pourquoi et le comment ? Que faudrait-il pour que vous vous remettiez en selle ?

Est-il possible de redécouvrir du plaisir dans le ou les métiers que vous connaissez ? Faites appel à vos souvenirs et retrouvez ce qui vous enthousiasmait au début ? Que s'est-il passé ? Vous avez envie de changement, comment pouvez-vous en insuffler dans votre poste ? Qu'imaginer pour que vous passiez de l'ennui à l'intérêt ? Quelles petites choses à votre portée pouvez-vous faire évoluer pour faire la différence ?

L'ACCOMPAGNEMENT AU REPOSITIONNEMENT DE CARRIÈRE

Intérêt	Écueil

• Est une première analyse de la situation
• Permet une approche :
  . des compétences et aptitudes
  . du métier ou de la fonction souhaités
  . du potentiel par rapport au métier ciblé
  . de la cohérence du projet
  . des chances de succès (par rapport à une moyenne)
• Une connaissance de soi verbalisée (points forts/points faibles)
• Confirmation des motivations devant mener à :
  . la définition du projet
  . l'étude de marché
	• Avoir une expérience professionnelle insuffisante
	• Manquer de réalisme par rapport à soi
	• Mal connaître le marché de l'emploi
	• S'investir mollement et ne pas être productif
	• Ignorer que certains projets peuvent être écartés comme peu crédibles sur le papier, car ils demandent un investissement hors normes
	• Ne pas être ouvert aux opportunités
	• Être en incapacité de présenter et défendre son projet
	• Partir sans vérifier que le projet est réalisable et écologique pour toutes les parties y compris le cercle familial

À VOUS !

	Vrai	Faux	?
• À votre avis, à quoi peut servir un repositionnement de carrière* - Demandez-vous si vous étiez en période d'interrogation sur votre carrière, quels seraient les 3 points prioritaires pour vous ?			
• À faire le point			
• À mieux se connaître			
• À détecter où le bât blesse			
• À répertorier ses capacités, compétences et aptitudes			
• À trouver des solutions pour mieux vivre l'entreprise			
• À définir des pistes pour rebondir			
• À avoir une démarche de réflexion créative			
• À confirmer sa motivation			
• À mieux comprendre le marché du travail			
• À vérifier la cohérence du projet			
• À bâtir une approche marketing			
• À apprendre à réaliser un business plan			
• À construire son argumentation			
• À analyser les chances de succès d'un projet			

*En fonction de chaque individu, toutes les propositions peuvent être vraies

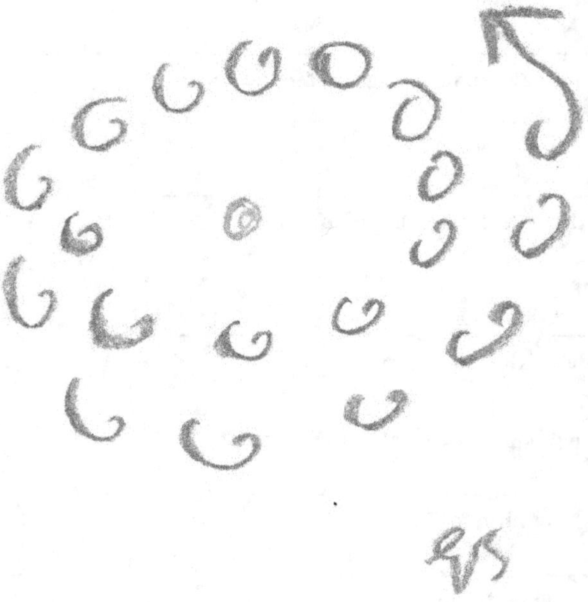

LE COACHING/ANIMATION DE GROUPES

Le coaching d'équipe a le vent en poupe, car « lorsqu'on ne sait pas vers quel port on navigue, aucun port n'est le bon » Sénèque.

La frustration nait souvent de niveaux de connaissance disparates sur un même projet. Entendre et comprendre l'objectif commun, connaître le rôle de chacun, apprendre à échanger les informations, travailler ensemble et partager ses expériences, voilà qui redonne de l'appétence aux équipes pour obtenir de nouvelles avancées.

Le plaisir au travail et la performance en entreprise sont également liés à la capacité à s'épauler en équipe et en transversal. La pauvreté du relationnel est souvent évoquée pour expliquer un mal-être. A contrario, la satisfaction de retrouver des collègues avec qui l'on est en connivence est toujours mise en avant en premier dans l'énoncé des points positifs relatifs à une fonction.

Partager des connaissances donne du sens…

LE COACHING/ANIMATION DE GROUPE ?
• Quand les équipes ressentent le besoin de travailler en meilleure cohésion
• En se mettant d'accord ensemble sur les objectifs de chacun et globaux, la répartition des tâches, les procédures
• Pour donner un sens à l'action de chacun, décupler le plaisir de travailler au quotidien vers un objectif connu de tous, se sentir dynamisé par l'équipe et reconnu dans son rôle

LE COACHING/ANIMATION DE GROUPES

Susciter un esprit d'entraide dans un groupe de cadres ou une équipe pour qu'il atteigne l'objectif commun fixé au départ de la séance de travail (échanger des idées, déterminer des objectifs, parvenir à une décision, résoudre un problème, acquérir des savoir-être, etc.) est un exercice passionnant. Le groupe étant composé d'individus en perpétuelle évolution et aux réactions toujours différentes, l'animation de groupes est à chaque fois une découverte. Diriger des groupes vers une meilleure connaissance d'eux même, de leurs objectifs professionnels, une maîtrise de leur communication et leur faire partager leurs expériences a été profondément enrichissant.

L'industrie a été mon principal terrain de jeu pour exercer cette discipline. Si je prends le soin de le préciser, c'est que la culture d'entreprise a une place cruciale dans la réceptivité des groupes à ce type de pratique. Le monde industriel a longtemps été un peu apeuré par trop d'ouverture, trop de foisonnement d'idées. Il craignait de mettre en péril le fragile équilibre de structures industrielles lourdes, usines, bureaux d'études et de projets demandant des financements importants sans retour sur investissement rapide. À cette attitude quasi générale s'opposait l'émergence épisodique d'un chef charismatique qui, entouré d'une équipe rapprochée, laissait en petit groupe courir son imagination. La créativité était l'apanage de la direction, mais guère plus. Et encore, ces grands capitaines d'industrie avaient parfois sombré dans des flops financiers retentissants. La communication toujours descendante autorisait bien sûr des réunions. Ces dernières devaient être plus que structurées, modélisées sur des principes industriels, Pareto, diagrammes en arrêtes de poisson d'Ishikawa et le patron savait en y entrant ce qui en sortirait ! On était là pour traquer les erreurs, les oublis, pas pour donner dans la fantaisie ni s'intéresser à l'humain. Puis nécessité faisant loi, la société évoluant, son personnel changeant de conception du monde du travail, le marketing faisant une trouée phénoménale, le marketing de très grosses sociétés est passé dans les années 1980 de 3 à 150 personnes. Une nouvelle forme de réunion coordonnée par un animateur extérieur au service est apparue. Au départ dans les années 1990, l'homme était du sérail. Fort d'une connaissance transversale de l'entreprise, acquise sur le terrain puis en formation, il était considéré comme une sorte d'électron libre « gourouesque » et regardé avec le respect de l'inconnu. Il animait des groupes de réflexion sur les projets pointus organisait les grandes messes des départements de l'entreprise. Les sociétés évoluant vers des structures en râteau, la possibilité pour la plupart de grimper dans la hiérarchie s'estompant, il a fallu donner du sens au travail demandé et faire participer chacun. L'animation par une personne neutre, venue de l'extérieur, est donc apparue. Au départ, participer à ce type de réunion avait un arrière-goût de «su-sucre à son chien » ! C'était la fin de l'année, il restait une queue de budget, le patron proposait à son équipe une sorte de remue-méninge qui devrait lui assurer le calme et la cohésion pendant quelques mois. À la surprise générale, les retombées de ces exercices étaient riches et les rencontres permettaient à chacun de sortir de son rôle de pion pour trouver et donner du sens à sa mission. Actuellement, l'animation de réunion par un « coach » extérieur est probablement la forme de coaching la plus répandue. Très appréciée des directions comme des collaborateurs, elle est au démarrage de beaucoup de projets. L'animation ponctuelle devient coaching d'équipe quand il y a une récurrence dans la démarche. Exemple : animations bimensuelles, par un coach, de points sur des projets transversaux (la participation est prévue à un rythme régulier et réajustable). Le coaching d'équipe a pour objectif d'accompagner le développement d'un projet en amenant chaque participant à une certaine maturité, autonomie et compréhension des processus retenus pour un travail en commun et la réalisation d'un plan d'action. Après avoir écouté ce qui se passe entre les personnes, le coach donnera la possibilité à l'équipe de prendre conscience de son mode de fonctionnement. Il pourra proposer au groupe des outils pour gérer le projet en temps et en heure et définir ses propres solutions. Le « coaching d'équipe » est souvent considéré comme un complément à une formation préalable sur un domaine d'expertise et/ou un accompagnement nécessaire à des évolutions d'organisation. Dans le cadre de la réinsertion dans le monde du travail, le coaching de groupe permet de créer, en fonction des rythmes et attentes de chacun, des occasions d'échanges périodiques et thématiques. En faisant intervenir tous les participants dans une écoute positive, chacun pourra avancer sur ses difficultés, recueillir les réactions et astuces des autres et être partie prenante dans un système de réseau d'entre-aide efficace.

LE COACHING/ANIMATION DE GROUPES

Impératifs	Analyse
• Savoir qui est qui et fait quoi • Définir un objectif commun et connu de tous • En tirer des objectifs individuels et les faire connaître • Aider à souder l'équipe • Éclaircir certaines voire toutes les situations • Donner une vision commune • Savoir où l'on va, où on veut aller et comment on y va • Donner un sentiment d'appartenance • Découvrir d'autres solutions • Prendre conscience de ses propres réactions • Gagner en autonomie • Apprendre à travailler en équipe et/ou en transversal • Créer un état d'esprit positif et constructif • Savoir donner l'exemple • Repérer les leaders et relais	• Sommes-nous allés où nous voulions aller ? • Comment ? Évolutions des rôles ? • À quel prix ? Conflits ? Jalousies ? • Objectifs atteints ? • Décrochages ? • Mauvaise gestion des émotions ? • Une partie des participants est-elle restée passive, car un responsable s'est-elle exprimé trop souvent ? • Lieu peu propice à un décrochage vers de la créativité ? • Attitude « gestionnaire » face au déroulé de l'animation ? • Avons-nous su entraîner le groupe ? • Nous sommes-nous remis en question ? • Avons-nous su motiver ?

À VOUS !

Quel point abordé dans le témoignage vous a particulièrement intéressé ?

- Pourquoi ?

- Parmi les impératifs listés dans le tableau de la page précédente, quels ont ceux qui vous interpellent ?

    -

    -

    -

- Le coaching en gestion de carrière vous semble-t-il répondre à une de vos problématiques, laquelle ?

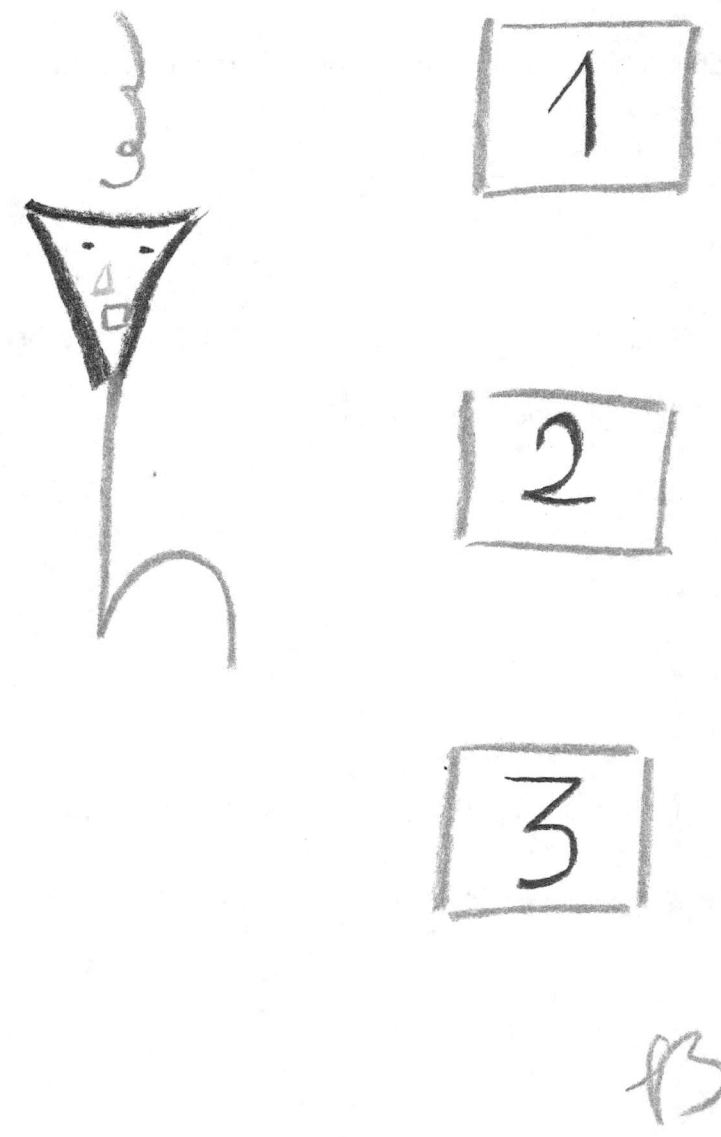

LE COACHING INDIVIDUEL EN ENTREPRISE

Le coaching individuel en entreprise est généralement réservé à l'encadrement. Souvent insuffisamment préparés aux affres du management et à la prise de responsabilités, les dirigeants et managers de proximité se sentent démunis pour répondre au quotidien aux attentes de leurs équipes. La communication, l'intervention par oral en public, l'accès à de nouvelles fonctions, le relationnel avec d'anciens collègues, la conduite de projet, etc. sont autant de sujets sur lesquels ils se trouvent bien seuls. Entre accompagnement et médiation singulière, le coaching individuel permet une approche par objectif SMART (Spécifique, Mesurable, Atteignable, Réaliste et définie dans le Temps). Le coach va, par un questionnement méthodique, amener le manager à découvrir des solutions originales à sa problématique sans pour autant lui donner de conseils ni chercher à l'orienter.

LE COACHING INDIVIDUEL ?
• Quand le passage à de nouvelles responsabilités ou le relationnel posent problème
• En approfondissant sa connaissance de soi et en travaillant avec créativité et ouverture sur ses difficultés
• Pour gagner en aisance, en efficacité et reprendre assurance et contrôle de soi

LE COACHING INDIVIDUEL EN ENTREPRISE

Le Coaching individuel en entreprise suit une démarche pédagogique par rapport à des objectifs clairement identifiés. Il présuppose un diagnostic préalable réalisé avec l'entreprise demandeuse ou directement le coaché. En entreprise, les objectifs de coaching correspondent souvent à :

• un besoin de réflexion stratégique sur le déroulement d'une carrière,

• une prise de fonction,

• la gestion de problèmes relationnels

- comment conduire le changement

- la communication

Le coaching individuel a pour but de travailler sur la façon d'atteindre l'objectif. Il peut employer, outre le questionnement, toutes sortes de techniques d'analyse, d'évaluation et d'entraînement : tests, exercices de créativité, jeux de rôle, étude du comportement avec support vidéo, travaux de groupe, etc. Il a parfois recours à des méthodes telles que la Programmation Neuro Linguistique (PNL), l'Analyse transactionnelle (AT), l'approche systémique, etc.

Le coaching individuel en entreprise suit donc une démarche procédurale comportant des étapes précises. Exemple de phase 1 : Définir son objectif en utilisant le « je » et ce de façon positive et concrète, l'écrire puis exprimer comment on saura que l'objectif est atteint…

En fonction du poste et surtout du niveau de responsabilité, les demandes vont être légèrement différentes.

- Développement du leadership, de la maîtrise de la communication et des relations transversales, ascendantes et descendantes pour les cadres supérieurs

- Changement de poste, développement de carrière, gestion des relations professionnelles et de la prise de parole en public pour le middle management

Le coaching individuel est généralement réservé au management. Le coaching de groupe est, par contre, de plus en plus souvent utilisé pour faire progresser des équipes projet au complet.

L'objectif pour tous est de travailler avec plus de confiance en soi, pour atteindre une certaine sérénité professionnelle et ainsi accroitre son efficacité.

Contrairement au psychologue qui s'intéresse au pourquoi et au passé, le coach lui vit dans le présent et son but est d'aider son client à trouver et utiliser les outils qui lui sont nécessaires.

En France, le coaching individuel est une activité qui se développe surtout parmi les cadres supérieurs, dirigeants ou managers. Les coachs sont généralement des personnes ayant exercé des responsabilités à haut niveau, couramment multi-diplômées qui décident en deuxième partie de carrière de mettre leurs compétences au service de l'entreprise, du monde sportif ou des particuliers. Leur expérience de l'entreprise (les plus sollicités sont souvent d'anciens DRH, membres de COMEX , de grands sportifs ou encore des intervenants dans des formations en coaching reconnues), une formation complémentaire en coaching, leur capacité à se remettre en question leur permettent d'intervenir dans les entreprises encore méfiantes vis-à-vis de ces techniques peu procédurales. Certains ont également une formation en psychologie et/ou ont suivi une analyse. Tous se font superviser pour préserver le recul nécessaire à leur fonction. La plupart des coachs conjuguent dans leur quotidien coaching, conseil, formation ou animation.

En effet, le coach est généralement plus un inspirateur qu'un conseil

Le plus gros du marché du coaching professionnel se passe dans les grandes entreprises qui possèdent même parfois un service partiellement intégré (banques/assurances, industrie, grandes sociétés de services, etc.).

Progressivement, les PME/PMI, administrations, professions libérales, créateurs d'entreprise s'intéressent au coaching.

Par ailleurs, les étudiants, parents, demandeurs d'emploi, sportifs occasionnels et professionnels, cadres expérimentant des difficultés à mener leur mission en entreprise, particuliers souffrant de leur image… demandent de plus en plus à être accompagnés. Ce coaching personnel relève souvent plus de l'évaluation, de l'entraînement ou du conseil en image. Cependant, bien des « coachs » offrent à l'intérieur d'une même séance un large éventail de moyens d'accompagnement allant de la formation/entraînement au coaching en passant par évaluation et diagnostic.

Ce phénomène qui correspond à un besoin de réassurance des clients a amené une dérive du concept. Le coach « service en solutions » devient une véritable tendance. Il en existe maintenant dans tous les secteurs : vie sentimentale chaotique, professionnelle complexe ou décousue, difficulté d'acceptation de son image, manque de confiance en soi, stress, prise de parole en public, etc. De fait, ces coachs se transforment en spécialistes aux compétences spécifiques porteurs de solutions, en fournisseurs de produits normés qu'ils mettent à la disposition de leurs clients. À ce titre, nous nous retrouvons souvent devant un coach actif déversant ses solutions sur un client un peu passif, « objet » à la recherche de réconfort et de recettes.

LE COACHING INDIVIDUEL EN ENTREPRISE

Avantages	À éviter
• Objectif clairement défini de façon positive	• « Vouloir » pour le coaché (avoir des certitudes sur les solutions à atteindre)
• Rassurant pour l'entreprise	• Tenter de manipuler, coaching prétexte visant à se donner bonne conscience (tout a été essayé avant un licenciement…)
• Maîtrise du contenu, tenant et aboutissant clairement défini	
• Analyse des difficultés pour définir le cheminement pour atteindre le but	
• Utilisation de moyens permettant d'évaluer la progression	• Prendre le coaching pour une entreprise de formatage aux standards de l'entreprise
• Zéro risque, peu de remise en question	• Soutirer des informations personnelles et ne pas respecter la règle de confidentialité
• Moyen de développement personnel	
• Utilisation de technique répertoriée pour booster la confiance en soi	
• Aide au renforcement de l'efficacité professionnelle	• Laisser le coaché transformer le coaching en psychanalyse
• Moyen de reconnaissance	• Croire savoir pour le coaché
• Permet au coaché d'avoir des repères	• Croire que pour aider, il faut « dire »
• Réalisation de l'objectif en sortant du cadre habituel de réflexion	• Donner des méthodes ou des recettes

À VOUS !

- Le coaching individuel vous apparait : (rayez les mentions inutiles)

    - Indispensable

    - Utile dans certains cas

    - Peut-être en fonction du profil

    - Une mode

    - Une perte de temps

    - Bien en complément d'une formation

    - Intéressant sur des sujets bien définis : exemple : la prise de parole

- Souhaiteriez-vous un coaching individuel,

    - Pour vous ?

    - Pour un membre de votre équipe ?

- Pourquoi ?

- Quels sujets abordés dans le chapitre précédent vous semblent particulièrement pertinents pour un coaching individuel ?

    - Développement managérial

    - Relations transversales

    - Communication

    - Prise de parole en public

    - Changement de poste

    - Autre, quoi ?

LA MEDIATION SINGULIERE

Certaines personnes vivent l'entreprise de façon très émotionnelle. Ils sont trop touchés par les réflexions de leurs proches collaborateurs, trop sensibles aux difficultés pronostiquées, se sentent trop responsables de tout, bref, leurs émotions les gouvernent. Ils sont dans le « trop » et s'usent très vite à ce rythme. Les idées se bousculent et malgré des facultés intellectuelles souvent hors normes, ils n'arrivent plus à démêler le rationnel du ressenti et la tension monte. Enfermés dans un mode de pensée, certains tournent en rond dans l'incapacité d'avoir le recul nécessaire pour envisager de nouvelles perspectives. En cas de conflit, ils se sentent devenir le jouet, « l'objet » de circonstances qui les dépassent et qu'ils ne maîtrisent pas. La médiation singulière va leur permettre de travailler sur leurs difficultés en réactivant leur créativité. L'objectif est de cesser de faire toujours plus de « la même chose qui ne marche pas», même si c'est « politiquement correct », pour aller vers des solutions autres. Grâce à la médiation singulière, ils vont entendre d'où vient leur épuisement moral et professionnel, redevenir « sujets pensants » et trouver par eux-mêmes comment remédier à leurs blocages.

LA MEDIATION SINGULIERE ?
• Quand l'objectif est diffus ou multiple et que l'on recherche plus que soutien, analyse de sa personnalité, conseils ou procédures
• En prenant conscience de son fonctionnement propre sans censure
• Pour gagner en autonomie, trouver ses pistes d'évolution, ses propres solutions et relancer sa créativité

LA MEDIATION SINGULIERE

La Médiation Singulière est une mise au travail de la personne accompagnée pour qu'elle trouve ses propres solutions. Le coach-médiateur va entendre ce qui fait question dans l'entreprise pour le sujet et lui donner la possibilité d'y réfléchir. Enseignée au CNAM (Conservatoire National des Arts et Métiers), c'est un retour aux fondamentaux du coaching et à la posture « sans intention » du coach. De nombreux coachs pratiquent en fonction de ces codes, quel que soit le nom qu'ils attribuent à leur intervention. La médiation singulière permet souvent de dénouer des situations, là où le conseil, la formation ou le coaching simple n'ont pas suffi.

Comme dans la médiation classique que l'on connait entre deux ou plusieurs entreprises, structures sociales ou plus ordinairement entre voisins ou époux en discorde, elle intervient bien entre deux entités : le client **et** son vécu émotionnel de sa problématique en entreprise ou encore son projet de reconversion.

C'est bien une médiation, car englué dans ses émotions le coaché a perdu de son autonomie vis-à-vis de son vécu en entreprise et elle est doublement singulière, car traite d'une personne particulière, et ce d'une façon originale !

En médiation singulière, l'outil est le coach lui-même, il remplit la fonction de médiateur. Pour sortir le « coaché » de la répétition stérile, le coach-médiateur va se servir de son intelligence de l'entreprise, de son expérience et de son intuition.

Il n'attend rien de spécifique, ne provoque rien. Il reçoit les informations dans un climat de confiance sans essayer de les cataloguer ou de les expliquer. Il accompagne le "coaché" par des « arrêts sur image » visant à faire réfléchir ce dernier sur ses propos. Il relève certains mots ou expressions s'il croit percevoir un point d'intérêt pour son client. Si le "coaché" ne réagit pas et passe à autre chose, il se garde d'insister. Sa posture se veut non intrusive, pas de test, pas d'évaluation risquant d'orienter le sujet en fonction d'une analyse qui l'étiquetterait. Contrairement au coaching individuel habituel, il n'y a pas de questionnement directif. Les rares questions posées n'ont pas pour objectif de diriger le "coaché" vers les réponses correspondant aux conseils qui pourraient être donnés, mais de le faire avancer dans sa réflexion.

En Médiation singulière, le sujet « coaché » va travailler avec le coach sur son « dire ». En objectivant certains propos dont il ne se rendait pas compte (signifiants relevés par le coach), il va dénouer les situations qui lui posent problème par

sa créativité.

En confiance, le "coaché" peut, au cours du coaching, évoluer dans sa demande et aller vers un objectif autre, voire plus personnel.

Les solutions n'étant pas projetées de l'extérieur, mais élaborées par le « coaché » à son rythme (zéro-conseil), l'effet du coaching-médiation singulière s'avère durable. Le sujet « coaché » gagne en autonomie, car il trouve seul ses solutions.

La mise en action appartient au "coaché".

Ses moyens d'action sont :

- Le climat de sécurité instauré et encourageant le client coaché à **se** faire confiance

- Le regard positif inconditionnel (être accepté sans être évalué)

- L'ouverture et la non-intention, respect de l'autre

- La compréhension sous-jacente du coach qui connait l'entreprise et lui permet d'être authentique

- L'équilibre intellectuel

Qu'est-ce qui provoque le changement ?

- la volonté de faire un coaching/médiation singulière et de changer

- le travail intérieur

- la prise de conscience de ses comportements

- la parole porteuse de sens (NON au bavardage)

- le vide, les silences

- le cadre, le délai

- la curiosité, la créativité

- l'hypothèse que le coach a la connaissance pour résoudre le problème

L'objectif du coach-médiateur : aider le "coaché" à atteindre l'autonomie, à redevenir sujet en lui permettant par le coaching de sortir du cercle infernal qui l'emprisonne pour relancer le mouvement qui conduit à la créativité. Le moment où le "coaché" parvient à la conception de ses propres solutions sonne la fin de la médiation. Cette relation coach-médiateur/coaché n'est donc, par principe, que rarement récurrente.

La Médiation singulière est une approche globale de la problématique du bénéficiaire dans son activité professionnelle ou personnelle qui conduit :

- à la prise de conscience,

- à une meilleure connaissance de soi et de ses moyens

- au changement

LA MEDIATION SINGULIERE

Intérêt	À savoir
• Prendre conscience de ses repères • Retrouver de l'autonomie • Trouver comment faire face aux avatars • Se connaître • Gérer ses émotions notamment face aux situations conflictuelles • Savoir changer sa posture vis-à-vis d'évènements ou de litiges interpersonnels • Utiliser ses intuitions • Trouver ses propres solutions et comment aborder la même situation différemment • Apprendre à oser • Accepter le changement, se mettre en mouvement • Relancer sa créativité	• Nécessite un engagement personnel qui ne peut être imposé de l'extérieur • Demande un travail personnel • Le coach doit éviter de se projeter, de conseiller • Démarche strictement individuelle et confidentielle • Chemin non balisé • Un objectif annoncé peut en cacher un ou plusieurs autres • Le résultat n'est pas acquis d'avance et ne peut pas être pronostiqué • Pas d'analyse du passé comme en thérapie, d'exemples à suivre comme dans le mentorat, de solutions toutes faites comme dans le conseil ou d'état des lieux des savoir-faire et savoir-être avec analyse du marché comme dans le bilan de compétences

À VOUS !

- Repérez dans la colonne « Intérêt » ce qui vous parle, notez 3 points

1)

2)

3)

- Lequel aimeriez-vous travailler en premier ?

- Pourquoi ?

- Quel résultat en attendez-vous ?

- De l'apaisement
- La capacité à prendre du recul
- Oser +
- L'émergence de solutions nouvelles
- + de créativité
- Apprendre à écouter mon intuition
- Autre, à préciser :

EN GUISE DE CONCLUSION

Un fil rouge vers l'autonomie…

Toutes les cordes sur lesquelles j'ai appris à jouer pour mieux vivre et faire vivre l'entreprise sont toujours d'actualité. Pourtant, elles ont trouvé d'autres supports et de nouvelles résonnances avec l'amplification du phénomène Web qui est, en deux petites décennies, devenu un incontournable de notre quotidien.

Une autre révolution est, déjà, en train d'émerger grâce aux neurosciences. Les éclairages récents donnés par la communauté scientifique sur la compréhension de nos mécanismes cérébraux permettent d'entrevoir d'innombrables possibilités pour mieux communiquer avec nous même, en société, voire pouvoir nous régénérer comme dans les plus brillants films de science-fiction.

Mieux connaître l'origine de son stress, savoir utiliser la plasticité de son cerveau pour concevoir des solutions originales et apprendre à gérer son stress par une plus grande maîtrise de ses capacités et de sa créativité, voilà des objectifs déjà partiellement à portée de nos neurones.

C'est pourquoi, de toutes les disciplines que j'ai pratiquées, la médiation singulière avec son souci des contenants, des signifiants, me semble le mieux faire écho aux découvertes actuelles dans le domaine du fonctionnement du cerveau.

Toutes les pistes que j'ai suivies ne peuvent à elles seules répondre à la question « Comment accompagner pour plus de bien-être, de plaisir et de performances au travail. » Chacune est un élément de réponse, mais il en existe bien d'autres. La boîte à outils est loin d'être pleine et les diagnostics sont protéiformes.

Gagner en bien-être au travail est un sujet qui reste plus que jamais d'actualité ! En ces temps où l'on cherche constamment à qui incombe la responsabilité du climat maussade qui règne en maître dans beaucoup d'entreprises et ailleurs, il semble que, même si elle est plus que partagée, la plus grande partie de la solution à notre quête de sens est en chacun, en toute autonomie…

À VOUS !

- Quelles techniques avez-vous envie de privilégier dans votre activité professionnelle ?

BIBLIOGRAPHIE

- Agnès Le Guernic, L'Analyse Transactionnelle, Editions Ixelles, 2011

- Alain Cardon, « Coaching d'Equipe », Edition d'Organisation, 2010

- Alain Cardon, Vincent Lenhardt, Pierre Nicolas, L'Analyse Transactionnelle, Editions Eyrolles, 2009

- Albino Amato, Relation d'Aide et Coaching Systémique, Modules 1 et 2, 2012/2013

- Alix Foulard, «Se former au coaching », Ed. Vuibert, 2007

- Arnaud Tonnelé, « 65 outils pour accompagner le changement individuel et collectif », Ed. d'Organisation, 2014

- Béatrice Quasnik, « Devenir acteur du changement », ED. Chronique Sociale, 2011

- Bruno Giuliani, Le Bonheur avec Spinoza, Editions Almora, 2011

- Carl Rogers, «Être vraiment soi-même », Ed. Eyrolles, 2012

- Christophe André, « Vivre heureux », Ed. Odile Jacob, 2004

- Daniel Durand, La Systémique, Editions PUF, 2013

- David Courpasson et Jean-Claude Thoenig, « Quand les cadres se rebellent », Ed. Vuibert, 2008

- Dominique Picard, Edmond Marc, L'Ecole de Palo Alto, Editions PUF, 2013

- Elizabeth Couzon et Françoise Dorn, « Soyez un stressé heureux », Ed. ESF, 2003

- Eric Salmon, L'Ennéagramme, Edition Michel Grancher, 2012

- François Balta et Gérard Szymanski, « Moi, toi, nous … Petit traité des influences réciproques », InterEditions, 2013

- Frédéric Lenoir, Du bonheur, un voyage philosophique, Fayard, 2013

- Gérard Chandezon et Antoine Lancestre, « L'Analyse transactionnelle », PUF, 2010

- Gérard Collignon, « Comment leur dire…La Process Communication », InterEditions, 2011
- Gérard-Dominique Carton, « Eloge du changement », Ed. Village, 1999

- Hannah Arendt, « Condition de l'homme moderne », Collection Agora Pocket, 2007

- Henri Laborit, « La Nouvelle Grille », Ed. Robert Laffont, coll. « Libertés 2000 », 1974

- Jacques Fradin, « L'intelligence du Stress », Ed. Eyrolles, Paris 2008

- Jacques Fradin, Frédéric Le Moullec, Manager selon les Personnalités, Editions Eyrolles, 2006

- Jean-Luc Deladrière, Frédéric Le Bihan, Pierre Mongin, Denis Rebaud, « Organisez vos idées avec le Mind Mapping, Ed. Dunod, 2011

- John Grinder et Richard Bandler, « Les secrets de la communication : Les techniques de la PNL, Ed. Poche, 2011

- Levy-Leboyer, « La gestion des compétences », Les Editions d'Organisation, 1996

- Lionel Bellenger et Marie-Josée Couchaere, « Les techniques de questionnement », ESF Editeur, 2010

- Marshall B. Rosenberg, « Les mots sont des fenêtres » Editions La Découverte, 2013

- Maurice Thevenet, Cécile Dejoux, Eléonore Marbot, Etienne Normand, Anne-Françoise Bender, « Fonctions RH, Politiques, métiers et outils des ressources humaines », ED. Pearson/Education, 2009

- Maurice Thevenet, La culture d'Entreprise, Editions PUF, 2010

- Michel Serres, « Petite poucette », Belin, 2012

- Monique Chézalviel, « Dessine-moi un dirigeant », Ed. EMS Management et Société, 2014

- Patrick Lemoine Dr, « Le mystère du Nocebo », Ed. Odile Jacob, 2011

- Paul Jorion, « Comment la vérité et la réalité furent inventées », Bibliothèque des Sciences Humaines, Editions Gallimard, 2009

- Philippe Bigot, « Le coaching orienté solution », Ed. Eyrolles, 2010

- Pierre Blanc-Sahnoun et Béatrice Dameron, « Comprendre et pratiquer l'approche narrative », InterEditions, 2009

- Que nous apprennent les neurosciences sur les états modifiés de conscience ? https://www.youtube.com/watch?v=i8X4lkOsZlk,

- Robert-Vincent Joule et Jean-Léon Beauvois, « Petit traité de manipulation à l'usage des honnêtes gens », Ed. PUG, 2012

- Steve de Shazer, « Clés et solutions en thérapie brève », Ed. SATAS, 1999

- Thomas d'Ansembourg, « Cessez d'être gentil, soyez vrai » Ed. de l'Homme, 2001

- W.H. O'Hanlon et M. Weiner-Davis, « L'Orientation vers les solutions », Ed. SATAS, 1995

Remerciements :

À Dominique Lecoq, coach, psychanalyste et maître de conférences au CNAM qui m'a enseigné ce que je sais en médiation singulière et m'a soutenu dans mes projets et mes évolutions

À mes ex-collègues de l'automobile et de la formation qui m'ont supporté dans tous les sens du terme pendant la réalisation de cet ouvrage et à mes amis qui se sont prêtés à l'exercice du brainstorming : Jean-Jacques Berne, Gro Hoeg, Karine Hilaireau, Monique Lemay, Françoise Landais, Christian Moreau, Marie-José Thenoz

À mon mari Erik, ma sœur Chantal et mon médecin Marc Schwob, Président de l'association France Migraine qui m'ont aidé dans les relectures et ont eu la patience de m'écouter

À ma fille Morgane qui commence sa vie professionnelle et qui, je l'espère, trouvera quelques clés dans ce livre…